九州文库

民族团结引领
高职教育健康发展研究

简才永 著

九州出版社
JIUZHOUPRESS

图书在版编目（CIP）数据

民族团结引领高职教育健康发展研究 / 简才永著
. -- 北京：九州出版社，2022.9
ISBN 978-7-5225-1139-9

Ⅰ.①民… Ⅱ.①简… Ⅲ.①高等职业教育－民族团
结－心理健康－健康教育－研究－中国 Ⅳ.① D633
② G444

中国版本图书馆 CIP 数据核字（2022）第 157542 号

民族团结引领高职教育健康发展研究

作 者	简才永 著	
责任编辑	蒋运华	
出版发行	九州出版社	
地 址	北京市西城区阜外大街甲 35 号（100037）	
发行电话	（010）68992190/3/5/6	
网 址	www.jiuzhoupress.com	
印 刷	唐山才智印刷有限公司	
开 本	710 毫米 ×1000 毫米 16 开	
印 张	15.5	
字 数	221 千字	
版 次	2023 年 1 月第 1 版	
印 次	2023 年 1 月第 1 次印刷	
书 号	ISBN 978-7-5225-1139-9	
定 价	95.00 元	

序

　　中国是一个历史悠久的统一的多民族国家。历史经验证明，民族大团结是一个统一的多民族国家实现社会和谐与国家富强的重要保障。党的十八大以来，习近平总书记对民族工作做了一系列的重要指示，并提出了"铸牢中华民族共同体意识"的重要论断。这是马克思主义民族理论与中国实际相结合的最新理论成果，对实现中华民族伟大复兴具有重要的理论价值和现实意义。民族团结进步教育则是实现民族大团结的基础性工作，是铸牢中华民族共同体意识最重要、最基础和最常态的现实路径。高职高专作为我国高等教育的重要组成部分，肩负着为党和国家培养高水平技术型人才的重担，是对青年学生开展民族团结进步教育的主阵地。因此，在高职高专开展民族团结心理教育研究与实践工作具有重要意义，是深入贯彻落实立德树人根本任务和铸牢中华民族共同体意识的时代要求。

　　简才永是我带的第一位研究生，毕业十余年来，他一直在民族地区的高职院校从事学生管理与心理教育工作。多年来，他始终坚持对高职生民族团结心理开展相关研究和教育实践，积累了丰富的经验，对民族地区高职院校开展民族团结心理及教育工作形成了一些建设性的观点。这本书是他近年来研究成果的汇编。此书以铸牢高职生中华民族共同体意识作为主线，采用量化研究和质性研究相结合的方式，以民族地区高职院校学生、老师和家长作为研究对象，对高职生民族团结心理结构及特征、人际和谐现状及其心理干预措施、民族团结教育内容与途径、高职生中华民族共同体意识构成要素和特征、高职院校民族团结教育现状及其应对策略等问题进行了详细探讨。本书对于当前我国高职院校开展民族团结心理教育及其铸牢高职生中华民族共同体意识具有一定的理论指导和实践参考价值，是对新时代高职院校学生心理健康、意识形态和思想政治教育工作的新探索，其成果的创新和价值主要表现在以下三个方面：一是基于实证研究视角，对高职生民族团结心理及其铸牢中华民族共同体意识开展调查研究，获取了大量的实证数据，为后续相关研究和教育实践工作提供了可靠支持；二是尝试将国外"群际接触理论"引入高职院校学生民族团结进步教育，探索新时代群际接触理论的本土化发展与实践应用，拓展了高职院校促进族际接触与民族团结教育的研究视角和实践思路；三是完成了大量的基础性研究工作，如设计了"高职生民族团结心理问卷""高职生群际接触问卷""高职生中华民族共同体意识评估问卷"等信效度良好的问卷，为后续相关研究与教学实践评估奠定了良好基础。

目前，关于民族团结心理与教育的相关研究还处于起步阶段，很多理论性的问题还需进一步厘清和完善。希望简才永能够不忘初心，不断拓展自己的研究思路，不断超越自我，以求真务实的态度，在民族心理研究领域作出更大的贡献。

植凤英

2022 年 3 月 11 日

目 录
CONTENTS

第一章　绪　论 ……………………………………………………… 1

　　第一节　民族团结研究概况 ……………………………………… 1

　　第二节　高职生民族团结心理与教育研究框架 ………………… 14

第二章　高职生民族团结心理结构及现状调查 ………………… 18

　　第一节　高职生民族团结心理测评工具的开发 ………………… 18

　　第二节　高职生民族团结心理特征及影响因素 ………………… 27

第三章　高职生人际和谐及心理干预研究 …………………… 39

　　第一节　研究概述 ………………………………………………… 39

　　第二节　高职生人际和谐的现状及影响因素 …………………… 44

　　第三节　高职生人际危机的心理干预 …………………………… 53

第四章　群际接触：促进高职生民族团结的途径探索 ……… 59

　　第一节　文献综述 ………………………………………………… 59

　　第二节　研究设计 ………………………………………………… 71

　　第三节　群际接触的理论构想及量表编制 ················· 74

　　第四节　群际接触减少偏见、促进和谐的作用机制 ········· 85

第五章　铸牢高职生中华民族共同体意识的研究 ············· 108

　　第一节　研究概述 ······························· 108

　　第二节　高职生中华民族共同体意识评估问卷的编制 ······· 118

　　第三节　高职生中华民族共同体意识及教育现状 ··········· 133

第六章　高职院校开展民族团结教育的现状研究 ············· 147

　　第一节　高职院校民族团结教育的现状调查 ··········· 147

　　第二节　基于贵州省高职院校的个案访谈研究 ··········· 156

　　第三节　高职院校民族团结教育存在的问题 ··········· 161

第七章　新时代高职生民族团结教育的对策 ··············· 164

　　第一节　强化高职生民族团结心理意识 ············· 164

　　第二节　促进高职生族际接触与人际和谐 ··········· 166

　　第三节　铸牢高职生中华民族共同体意识 ··········· 171

　　第四节　完善民族团结教育的基础保障 ············· 189

参考文献 ····································· 192

附　录 ······································ 210

后　记 ······································ 236

第一章

绪 论

加强民族团结心理及教育研究，将有助于铸牢高职生中华民族共同体意识，对构建和谐校园、推动中华民族大团结具有重要的理论和现实意义。但从目前已有的文献来看，有关高职生民族团结心理及教育的实证研究还相对欠缺。因此，对新时代高职生民族团结心理及教育问题展开系统研究显得十分重要和迫切。本章将在已有研究的基础上，详细阐释开展高职生民族团结心理与教育研究的背景、意义和不足等问题，并说明本书的逻辑框架和主要内容。

第一节 民族团结研究概况

一、背景及文献梳理

民族平等、团结和共同繁荣是马克思主义民族理论最根本的特征，中国共产党在领导中国革命和建设的不同时期，始终坚持和创造性地发展了这一理论体系。中国共产党始终高举民族团结旗帜，坚持民族团结政策，为实现中华民族独立和民族大团结而不懈奋斗，并进行了很多的实践尝试和理论创新。

中国共产党自诞生之日起，就十分重视民族团结，早在1922年通过的《中国共产党第二次全国代表大会宣言》中就提出要尊重边疆人民的自主权，要联合蒙古、西藏、回疆等成立中华联邦共和国[①]。这里的"联合"二字就是

---

① 中共中央统战部.民族问题文献汇编［M］.北京：中共中央党校出版社，1991.

民族大团结的体现,是中国共产党关于民族团结最早的历史文献。到了1925年,中国共产党四届中央执委会第一次扩大会议又通过了《关于蒙古问题决议案》,其中提出:"蒙古农民中的革命工作,要竭力联合中蒙农民以反对共同的仇敌……要能联合内蒙古中蒙农民的斗争。"[①]

抗日战争全面爆发以后,为了抗击日本帝国主义的侵略,挽救民族危难,1937年,党在洛川会议中通过了《中国共产党抗日救国十大纲领》,主张动员蒙古、回等所有少数民族,在民族自决、民主自治的原则下共同抗日[②]。1938年,中国共产党在延安举行扩大的六届六中全会,会议通过的《中共中央扩大的六中全会政治决议案》中指出:"团结中华各族为统一的力量,共同抗日图存。"在抗日战争时期,毛泽东主席也曾多次强调和倡导各民族团结是实现抗日战争胜利的制胜法宝。比如,1938年他就指出:"我们的抗日统一战线,不但是国内各个党派、各个阶级的,而且是国内各个民族的。"[③]1939年10月,他在《〈共产党人〉发刊词》中总结中国共产党在中国革命中战胜敌人的"三大法宝"之一的"统一战线"就包含了民族团结的思想内容,这对后面顺利取得解放战争和社会主义革命胜利产生了重要影响。这一时期,最具影响力的还有1949年9月通过的《中国人民政治协商会议共同纲领》,在这具有中华人民共和国临时宪法性质的《共同纲领》中明确指出:"中华人民共和国境内各民族一律平等,实行团结互助,反对帝国主义和各族内部的人民公敌,使中华人民共和国成为各民族友爱合作的大家庭。反对大民族主义和狭隘民族主义,禁止民族歧视、压迫和分裂民族团结的行为。"

中华人民共和国成立以后,在党的坚强领导下,新成立的各级人民政府认真落实党的民族团结政策,加大了民族团结政策的宣传教育力度,不仅派遣工作组到各少数民族地区支边帮扶,同时也组织少数民族同胞到各地学习

① 中央党史馆.中共中央文件选集(第一册)[M].北京:中共中央党校出版社,1989.
② 中共中央统战部.民族问题文献汇编[M].北京:中共中央党校出版社,1991.
③ 中共中央文献研究室,国家民族事务委员会.毛泽东民族工作文选[M].北京:中央文献出版社,2014.

交流。通过加强不同民族、不同地区之间的交流互动，增进彼此之间的了解，逐渐消除了长期以来产生的误解与隔阂，为改善民族关系、促进民族团结、推动社会主义改造奠定了良好基础。1954年，新中国第一部宪法《中华人民共和国宪法》也明确规定："我国各民族已经团结成为一个自由平等的民族大家庭。"① 此外，这部宪法还明确指出要坚决反对大民族主义和地方民族主义的"两种主义"倾向。民族团结被写进宪法，使得新中国在推行民族政策的时候真正做到了有法可依。此外，毛泽东主席还分别在1956年的《论十大关系》和1957年的《关于正确处理人民内部矛盾的问题》中都阐释过"两种主义"的危害性②。这些正确的政策及工作方针，为今天的民族大团结局面作出了巨大贡献。

党的十一届三中全会后，我国开启了改革开放的大序幕，国家各项事业发展开始步入快车道，党的民族团结政策也得到了全新的发展。这个时期归纳起来可分为三个阶段：一是以邓小平同志为主要代表的共产党人，在正确坚持以经济建设为中心的同时，提出要把坚持四项基本原则作为民族团结工作的基础。为此，邓小平同志特别指出："加强各民族的团结，首先是要加强党的团结，特别是要加强党的领导核心的团结。"③ 强化党的团结与核心领导地位，将有助于把各族人民更加紧密地团结在中国共产党周围。二是以江泽民同志为主要代表的共产党人创造性地提出要把民族团结工作与党的全局工作紧密结合在一起，并提出了"三个离不开"的新思想④，为那个时期的民族团结工作指明了方向。江泽民同志曾一针见血地指出："我们必须高举爱国主义和民族平等团结的旗帜，反对一切破坏团结、分裂祖国的阴谋活动。"⑤ 三是以

① 韩大元.1954年宪法与新中国宪政［M］.长沙：湖南人民出版社，2004.
② 毛泽东文集（第七卷）［M］.北京：人民出版社，1999.
③ 邓小平文选（第二卷）［M］.北京：人民出版社，1993.
④ "三个离不开"是江泽民于1990年视察新疆时提出的，具体指汉族离不开少数民族、少数民族离不开汉族、少数民族之间也相互离不开。
⑤ 国家民族事务委员会研究室.中国共产党主要领导人论民族问题［M］.北京：民族出版社，1994.

胡锦涛同志为主要代表的共产党人，根据当时国际国内形势的变化，创造性地提出了构建社会主义和谐社会的思想，于是"和谐"二字成为那个时代最热门的词汇。构建社会主义和谐社会的指导思想是科学发展观的重要组成部分，对于全面建设小康社会、加快推进社会主义现代化和促进中华民族大团结都具有重要的指导意义。此后，胡锦涛同志又提出了"两个共同"的观点①，"共同"与"和谐"相辅相成，生动地诠释了在中国共产党的领导下，全国各族人民和睦相处、同舟共济、和谐发展的思想理念，也使得民族团结的思想逐渐深入人心，成为全国各民族、各阶层、各团体的共同意识。

党的十八大以后，中国特色社会主义进入新时代。以习近平同志为核心的党中央十分重视民族工作，习近平总书记曾多次在不同的场合强调要加强民族团结进步教育，不断增进各民族间的交往交流交融，铸牢中华民族共同体意识。党的十九大报告中提出"要深化民族团结进步教育，铸牢中华民族共同体意识，加强各民族交往交流交融，促进各民族像石榴籽一样紧紧抱在一起"，并将"铸牢中华民族共同体意识"写进当年修订的党章。我们要特别注重民族团结进步教育，要把加强爱国主义教育摆在教育更加突出的位置，把爱我中华的种子埋入每位孩子的心灵深处，不断增强各民族学生对伟大祖国、中华民族、中华文化、中国共产党和中国特色社会主义的认同。必须深入学习领会和认真贯彻落实新时代民族工作的指导思想和工作总方针。

一百年来，各族人民在中国共产党的领导下，实现了从站起来、富起来到强起来的历史性飞跃；一百年来，中国共产党在团结带领全国各族人民全面建成小康社会，实现中华民族伟大复兴"中国梦"的征程中，不断总结经验，创造性地把马克思主义民族理论与中国实际相结合，探索出了一条具有中国特色的民族发展道路，形成了一套独具中国特色的民族理论体系。特别是"铸牢中华民族共同体意识"的提出，将更加有助于引导全国各族人民牢固树立休戚与共、荣辱与共、生死与共、命运与共的共同体意识。

---

① "两个共同"是胡锦涛于2003年在全国政协十届一次会议上提出的，他指出："'共同团结奋斗，共同繁荣发展'是新世纪新阶段民族工作的主题。"

二、研究现状

（一）国内研究现状

梁启超是我国民族研究与实践的先行者，"中华民族"一词就是由他最先提出的。清末民初，由于时局动荡，国家和民族深陷泥潭，很多有志之士在探索救亡图存之路时，也在积极反思民族觉醒及各民族团结教育实践。其中最具代表性的就是民国初年由孙中山等人提出的"五族共和"理念，其中就强调要联合汉、满、蒙、回、藏五大民族成立共和政府，这相比同盟会早期提出的"驱逐鞑虏，恢复中华"的革命口号已经有了很大的进步，但由于种种原因，以孙中山为代表的资产阶级革命政党始终未能实现民族大团结的愿望。中国共产党成立以后，以马克思主义民族观作为指导思想，在领导各族人民开展反帝反封建革命、社会主义建设与发展的过程中，结合中国实际情况不断实践，逐渐形成了具有中国特色的马克思主义民族理论。中华人民共和国成立以后，民族团结的理论研究与教育实践得到了空前发展，出版发行了很多的教材和宣传书册，为不同时期解决民族问题提供了理论和政策依据。

为了厘清新中国成立以来我国学者对民族团结教育研究的整体脉络，特以"民族团结教育"为篇名在"中国知网"（学术期刊网）进行检索，并对检索出来的文献进行整理与分析。时间周期是从1964年12月26日至2022年2月18日，共检索出2166篇研究文献，其中学术期刊1122篇、学位论文109篇、会议论文17篇、报纸文章552篇、学术辑刊3篇、特色期刊363篇。

由图1-1可见，1964年至1998年，每年发布的文献数量都在20篇以下，到1999年才开始突破20篇。从2004年开始逐年快速增长，到2009年达到顶峰。其间应该是受到2008年和2009年有关事件的影响，使得大量国内的专家学者开始重点关注民族团结教育，在短时间内写出了大量的研究文献。到了2014年以后，开始逐渐保持高产量平稳发展，每年的文献数量都在100篇以上。

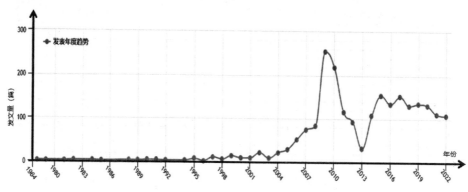

图1-1 新中国成立后"民族团结教育"研究文献数量趋势
（根据"中国知网"数据绘制，下同）

从文献来源及作者身份来看，关于"民族团结教育"的研究文献主要集中在民族地区或民族专业类期刊和出版刊物上发表，其中中国民族教育杂志社发行的文献最多。从发文作者身份来看，以高校教师居多，且主要集中在民族类高等院校或民族地区的高校。除了广西民族大学李恩华的1篇硕士学位论文外，其余皆为高职院校教师所写的学术论文。从分布来看，绝大部分是新疆、内蒙古、四川、云贵等西部少数民族聚居的地方高职院校。

从研究的对象来看，主要有中小学（青少年）民族团结教育、高校（大学生、高职院校）民族团结教育和国民（公民）民族团结教育等。而单独就高职生或者高职院校民族团结教育进行研究的文献仅有33篇，其中期刊论文32篇，学位论文1篇。

从研究内容来看，针对高校（高职院校）大学生（高职生）民族团结心理及教育的研究内容主要涉及以下五个方面。

一是对高校开展民族团结教育的重要作用进行探讨。传播知识和创造知识是高校最显著的两个特点，高校作为文化知识和各种思想的聚集地，对大学生的影响十分巨大。因此，科学合理地开展民族团结教育，对帮助大学生树立正确的历史观、民族观、国家观和文化观意义重大，将直接影响大学生人生观、价值观和世界观的形成与发展。同时，也关系到能够深入贯彻落实立德树人根本任务。可见，高校作为教育的重要阵地，开展民族团结教育，将有助于更好地完成为党育人和为国育才的重任；对牢固树立马克思主义民族观和应对日益复杂的国际形势具有重要的现实意义（康春英，2005年）；对培育和弘扬新时期社会主义核心价值观具有重要的时代价值（王姗萍，2010年）；对增强青年学生的民族自豪感、文化自信、理性认识民族与国家关系（吴荣，2003年）、增进民族交流、促进民族团结、维护国家长治久安等具有重要作用（奔夏·泽米、吴宇，2011年）。

二是对高校开展民族团结教育的具体内容进行探讨。教育内容是开展民族团结教育最核心的要素，所以很多学者对此展开了研究和探讨。比如，有学者认为首先要给学生传授一种科学的能辨是非的思维方法，培养社会主义核心价值观（马钟范，2015年）；也有学者认为高校开展民族团结教育，最主要的是要对大学生进行马克思主义民族理论体系，以及对党和国家相关民族政策、法律法规等教育（徐娇，2011年）；此外，还有学者提出要加强中华民族多元一体化教育、不断增强"五个认同"、铸牢中华民族共同体意识（许柏才，崔龙燕，2015年），进行国家认同、国防和国家安全教育等（邵圣容，2017年）。

三是对高校开展民族团结教育的现实途径进行研究。创新教育途径与载体是实现高质量民族团结教育的基本条件。为此，很多学者展开了全面探讨和深入研究。比如，有学者认为首先要从文化认同与包容教育入手（刘向阳，陈访贤，2012年），以增强对彼此文化、习俗和宗教信仰等的了解，并引导学生深刻理解各民族文化都是中华文化的重要组成部分，将培养跨文化意识、跨文化知识与铸牢共同文化认同感相结合，培育民族团结意识，少数民族地区要加快落实"双语"教学制度（张伟，2016年），着力普及、推广标准汉字和普通话，不断提升少数民族地区学生的族际交往能力；有研究者认为要注重民族英雄故事的挖掘与宣传教育，激发学生对各民族团结友爱的民族情感（戴畅，2016年）。此外，还要加大校园文化建设和宣传力度，营造民族团结教育的浓厚氛围，提升校园文化的渗透力（卫茹静，2014年），将民族团结教育内容融入学科教育，开展民族团结教育进班级、进寝室、进课堂、进社团活动

（王崇、王春喜，2015年），特别是要充分发挥思政课程主渠道的作用，把民族团结融入思政教育课堂中去，作为思政老师，也要努力了解党和国家的民族政策，积极开展相关学习和科研，不断提升自身业务素养；同时，还要加快民族团结教育制度化、常态化建设，不断提升师资人才队伍水平（焦敏，黄德林，2013年；焦敏，2015年）。此外，有条件的学校可以组织开展民族团结教育社会实践活动，利用寒暑假组织学生到民族地区参加实践活动（张桂珍，2013年），或者参观具有民族特色的文化项目等。

四是对高校开展民族团结教育面临的困难进行探讨。从已有研究文献来看，目前针对高校开展民族团结教育存在的困境主要有以下四点：第一，民族团结教育师资不足。主要表现在缺乏专业师资和师资培训不足，很多高校都没有专职的民族团结教育师资队伍，基本上都是由思政教师和辅导员"代劳"（覃月弯，2020年）。教育形式主要是班会，且绝大部分老师也没有机会参与民族团结进步教育的系统培训或进修，主要靠自学，自身知识储备不全面、不系统，缺乏专业性和规范性。第二，上级主管部门和学校的关心指导不够。一方面是上级主管部门没有对民族团结教育做出详细的指标要求，缺乏相应的专业指导检查；另一方面是学校未将民族团结教育列入人才培养计划，缺乏相应的教育教学安排。第三，开展民族团结教育的教学资源严重不足。调查发现，目前很多学校都没自己的教学资源，缺乏统一的教材和线上资源，对教学资源开发的主动性和积极性不高（焦敏，2015年）。第四，开展民族团结教育的方法、途径和载体单一，覆盖面和影响面有限。目前，绝大部分的民族团结教育活动都以课堂宣讲的形式开展，师生参与的积极性不高，效果不明显。明确目前开展民族团结教育所面临的困境，将有助于我们快速找到问题的根源和解决办法。因此，必须清醒、全面地认识到目前所存在的各种问题与困难。

五是对大学生民族团结心理结构及影响因素的研究。当前，促进民族团结和铸牢中华民族共同体意识已经被提升到国家战略层面，不同学科领域的专家学者都给予了高度的关注，进行了广泛深入的研究。但目前就民族团结心理结构的研究还较少，对民族团结心理内涵概念的界定还不明晰。罗鸣春（2016年）认为民族团结心理是指民族成员对民族团结价值及功能的认同与接纳，以及对民族团结的态度和行为倾向。谭玉林（2011年）则认为民族团结意识是指人们对民族团结行为和民族团结现象的主观认知与反映。也有研究者认为民族团结意识是一种基于长期族群交往而逐渐形成的一种共同情感、道德信仰和理想信念上的心理状态和趋势（孔兆政、张毅，2010年），主要体现在个体对处理民族团结、和谐关系的看法与认识中（尹可丽，2018年）。虽然不同的研究者对民族团结心理的概念界定有所不同，但从目前的研究结果来看，对民族团结心理结构的划分，基本都包含了认知、情感、态度、意志和行为这几个要素。

（二）国外研究现状

国外少有"民族团结教育"的专题研究，但民族认同、文化认同、国家认同、共同体意识和群际接触等内容则较为丰富。

1. 民族认同研究

国外对民族认同的研究主要涉及概念界定、发展情况、民族认同与文化、国家的关系等。在概念界定方面，不同的研究者提出了内涵相似的观点。菲尼（Phinney）指出，民族认同是包括对民族的归属感和承诺、积极评价和参与民族活动等一系列的复杂结构。迈尔威利·斯图沃德（Melville Y. Stewart）认为，民族认同是所有成员对民族这一共同体长期形成的物质文化和精神文化持相似的态度。在民族认同的发展阶段，学者普遍认为高职生时期是民族认同发展的关键期。美国学者菲尼认为民族个体对强大祖国的归属感，也是个体对外使用的个人标签，并提出民族认同一般要经历检验阶段、探索阶段、获得和内化三个阶段。Tomas 和 Helms 等研究者则侧重民族认同阶段模型，分别有"三阶段"和"五阶段"的划分，"三阶段"指的是弥散性阶段、排斥性阶段、延迟和整合阶段；"五阶段"则是：顺从、不一致、沉没—浮现、内化以及综合意识（罗琛，2020年）。关于民族认同理论研究，国外学者提出了

"原生论"和"工具论"两种理论,"原生论"认为民族认同的感情是与生俱来的,是世世代代传承下来的持续和稳定的情感;"工具论"则认为民族认同随着民族内容,包括政治、经济、文化的变化而发生变化,具有差异性和可变性(Carla J,Reginald J,1998年)。爱德华·莫迪默·罗伯特(2009年)认为民族认同是在长期历史中形成的,并不是先天具有的。综上可见,国外关于民族认同的研究主要有"原生论"和"工具论"两种理论观点,这两种观点各有优势,但都存在片面性,过于重视渊源性和现实性。

2. 共同体的研究

国外关于共同体研究最早的是斐迪南·滕尼斯(Ferdinand Tonnies,2018年),在其著作《共同体与社会》中,他采用二元结构对"共同体"与"社会"两个相对独立的组织概念进行探究,并指出"现实和有机的生命结合才是共同体的本质"。基于这个大前提,斐迪南·滕尼斯将共同体划分为血缘共同体、地域共同体和精神共同体,集中表现为亲属、邻里、友谊。他所描绘的共同体是亲属、邻里、朋友之间存在某种"默认一致",而"默认一致"则由和睦、习俗、宗教来维护。雷蒙·威廉斯(2005年)认为:"共同体是由某种关系和情感组合而成的。""共同体首先是指共同关怀的意思,其次是指各种不同形式的社会团体。"本尼迪克特·安德森(Benedict Anderson)认为民族的属性主要通过民族文化和民族情感来进行研究,并提出了"想象共同体"的概念。他认为"想象共同体"是一个极具政治性的概念,其作用在于用想象出来的一致性掩盖族群成员在财富和权力分配上造成的矛盾与差异,进而给每位成员制造一种内部一致性和公平的假象,并赋予族群成员一种强烈的身份归属感,以便形成一种一致对外的民族或国家意识。而齐格蒙特·鲍曼(Zygmunt Bauman,2003年)则认为:"共同体之所以让人感觉不错,是因为她所传递出来的是人们想要去经历和体验的快乐,是一个能让我们彼此依靠的温馨舒适的场所。"他认为现在研究者所说的共同体只是一种机械和人为的共同体,而真正的共同体是用相互关心、权利平等编织起来的集合体。可见,国外对"共同体"的研究主要集中于概念及其工具性的探究,这对后面的研究取向产生了较为深远的影响。

3. 国家认同研究

通过阅读已有文献发现，国外关于国家意识及认同的研究始于20世纪中期，主要研究范畴包括国家意识及认同的内涵概念、构成要素、特点和培育方式等。有的学者提出"个人一种主观的或内在化的、属于某个国家（民族）的感受"（Nadia Khatib，Leonis Huddy，2007）即国家认同。归纳起来，所谓国家认同，就是个体对自己属于某个国家的认知辨识、情感接纳与归属感。国外学者主要从宗教、种族、移民和跨文化等方面对国家认同的概念和构成要素开展研究。具体是通过对日常社会生活、政党等维度进行测量或调研，如政党社会认同测验（S.Greene，2002年），美国的密歇根测验、国家选举测验、政党情感晴雨表测验等量表（D. D. Roscoe，D. N，2010年）。英国学者安德列亚斯（Andreas Pohlmann，2012年）通过公民国家身份、民族身份、国家自豪以及国家归属感四维度进行调研。罗莎·琳娜拉切娃（Rossalina Latcheva，2011年）以实证调研的方法确定了国家认同包含十个方面的内涵。从国外学者对国家认同概念界定、要素分类和测量维度可以看出，他们采取的国家认同教育措施主要有"公民意识"和"国家精神"两种。比如英国主张通过"公民教育"，强化公民身份，教育公民尊重和包容差异，强化大公民意识，弱化小族群意识，增强青年学生对社会和国家的认同感。美国则通过学校教育宣传"美国精神"，强化个人与社会、国家的关系，从而增强对国家的认同感。此外，还有学者从社会学、心理学、民族学和政治学等角度对国家认同进行研究，重点对青年学生国家认同现状及其影响因素展开探讨，以应对年轻人的"认同危机"问题。

4. 文化认同研究

文化认同一直是国内外研究热点，成果甚多。目前国外关于文化认同的研究，归纳起来主要有以下几个方面：

一是关于概念的界定。"认同"最初源自哲学，属于哲学的研究范畴。心理学视角的界定，最早由西格蒙德·弗洛伊德（Sigmund Freud）提出，他认为认同是个体与他人情感联系的最初表现。爱利克·埃里克森（Erik H.Erikson）后来在弗洛伊德的基础上又提出了"自我同一性"的概念，主要用于对青少年时期个体可能出现的心理矛盾进行描述。之后，随着对"认同"的研究不断深入与扩展，"认同"概念的内涵与外延逐渐得到扩展，从最初的情感演变到包含认知、态度等要素的混合型概念。从已有研究来看，对文化认同概念的界定基本可分为两种视角，一种是个体层面的，即对自我的认同，这也是认同的初级层次；另一种就是群体认同，如民族认同、政治认同和文化认同等。因此，文化认同属于一种群体认同，主要用于回答"我们是谁"的问题，是一种群体文化认同，即群体文化影响个体的程度。美国学者塞缪尔·亨廷顿（Samuel P. Huntington，2002年）曾指出，不同的人常以对他们来说最有意义的事物来表达"我是谁"，即用"发展历史、宗教信仰、风俗习惯和社会体制来界定自己"，并以某种象征物为标志来表示自己的文化认同，如旗帜、十字架、新月形，甚至头盖等等。可见，文化认同对于大多数人来说是"最有意义"的东西。

二是关于文化认同危机的研究。塞缪尔·亨廷顿是文化认同危机研究的代表性人物，在其著作《文明的冲突与世界秩序的重建》中对冷战后的世界格局与冲突进行了分析，并最终得出结论：世界出现对抗、冲突以及融合的原因在于文化认同的差异性。并在其另一本著作《谁是美国人？——美国国民特性面临的挑战》中分析了作为"移民国家"的美国，其国民对美国文化的认同是否达到"最有意义"的普遍程度，并指出这一点对于任何国家来说都是至关重要的。亨廷顿的"文化冲突理论"对揭示当今世界摩擦与冲突具有一定的解释性，但他过分强调冲突的文化差异性，而忽视了意识形态、资源分配、地缘政治等其他因素，这也是他的理论观点受到质疑和批判的原因所在（哈拉尔德·米勒，2002年）。

三是关于文化认同作用的研究。有研究者从文化认同作用的视角出发，对文化在国际关系中的重要作用进行了分析。比如美国学者汉斯·摩根索（Hans J. Morgenthau，2006年）就认为文化在国际关系中扮演着极其重要的黏合剂作用，文化不仅对各民族自身成长极其重要，也对促进全球化的形成，以及促进国际了解与世界和谐都具有重要的作用。荷兰学者冯·皮尔森（Van Peursen，1992年）把文化视为一种战略资本，认为文化在国际关系中发挥的作用与其他传统战略资源的影响力同等重要。可见，文化始终是国家软实力的重要标志。对内，文化认同是一个民族或国家凝聚力的主要因素；对外，文化认同也是不同民族或国家间开展交流合作最重要的黏合剂。

此外，国外民族关系研究中也出现了大量族群认同、族群意识、族群身份、群际态度、群际信任、民族文化适应等内容（郝亚明，2017年），虽然这些研究未以民族共同体为题，但基本围绕民族认同展开。在社会心理学视角下，研究者主要探讨族群关系理论及其实践应用问题，族群认同理论、群际接触理论和文化适应理论在民族问题研究中具有较大影响（Oberson C L，Shoemaker C，Tomolill O C，2004年）。如群际接触理论认为，群际间持有的消极态度和认知是群际冲突的主要原因，同时这种消极态度和认知也直接加剧了彼此间的消极刻板印象，通过群际接触能够促进各民族成员间的沟通与了解，减少群际间的消极态度认知，以此来促进民族关系的积极发展（Vedder P，Wenink E，Van Geel M，2017年）。上述相关理论对铸牢中华民族共同体意识研究具有积极的借鉴价值，如近年我国民族关系研究中倡导的互嵌式社区构建，就是基于群际接触理论和文化适应理论等提出来的，这是适合中国民族关系发展的新型实践性理论（姜永志，2019年）。

三、问题提出

平等、团结、互助、和谐是中国特色社会主义民族关系的基本特征。而开展民族团结教育，则是实现民族团结的重要途径。因此，中国共产党自诞生之日起，就十分重视引导和宣传民族团结的重要性。经过百余年的努力，我国的民族团结进步事业取得了辉煌成就，获得了高度赞许与认可。但同时我们也要清醒地意识到，当今世界正面临百年未有之大变局，各种域外敌对势力亡我之心不死，"台独"等分裂势力的威胁依然存在。面对日益复杂的国际斗争环境，进一步发展和巩固民族团结成果，强化对高职生等青年群体的民族团结教育显得十分必要。在中共中央、国务院印发的《中长期青年发展规划（2016—2025年）》中特将"青年民族团结进步促进工程"作为十大重点项目之一。此外，在教育部2022年工作要点中也明确将"加强学校铸牢中华民族共同体意识教育"作为重点工作来抓。可见，开展高职生民族团结心理与教育研究十分必要，但目前专门针对高职生群体开展民族团结心理与教育的研究还不多。本书拟从心理学、教育学和民族学等角度对高职生的民族团结心理意识、人际和谐、族际交往、群际接触和铸牢中华民族共同体意识等方面开展实证研究，以期能够对高职生的民族团结心理进行多维度深入研究，为加强高职生民族团结教育提供可信的基础性数据支持。

第二节　高职生民族团结心理与教育研究框架

一、研究意义

随着中国社会经济的不断发展，国内人口流动的规模和频率也随之不断提升，这一方面促进了国内各民族之间的交往交流交融，加深了各种文化的相互融合，另一方面也可能会产生各种问题。此外，随着中国的不断发展，国际间的交流也在不断扩大和深入。因此，在当前全球化、多元化和现代化的背景下，高职生民族团结心理及教育研究，既有重要的理论意义，又有强烈的现实意义。归纳起来，主要表现为以下四个方面。

一是有助于系统了解高职生民族团结心理特点，丰富民族团结心理研究理论成果。目前针对高职生民族团结心理结构、特点及影响因素等问题的研究还比较少见，仅有的研究也比较零星，不够系统。开展此类研究，将有助于深化和拓展对高职生民族团结心理特点的认识，有利于培养高职生民族团结意识，提升民族团结素养，牢固树立维护国家安全统一、反对民族分裂的思想意识。

二是有助于提升和改进高职院校民族团结教育的实效性，拓展和丰富思想政治教育内涵，对落实立德树人根本任务具有重要的现实意义。教育的根本目的就是立德树人，加强民族团结教育研究与实践，将有助于引导学生树立正确的历史观、国家观、民族观和文化观，培养学生的爱国意识，铸牢中华民族共同体意识。

三是有助于推动各民族之间的交往交流交融，深化民族融合、消除偏见与隔阂，促进族际和谐。2014年，中共中央、国务院颁布的《关于加强和改进新形势下民族工作的意见》就强调，要深刻认识各民族交往交流交融是社会发展的必然趋势，是我国社会主义民族关系的发展方向。2020年9月，习近平总书记在第三次中央新疆工作座谈会上指出："要促进各民族广泛交往、全面交流、深度交融。"2021年8月，习近平总书记在中央民族工作会议上强调："必须促进各民族广泛交往交流交融，促进各民族在理想、信念、情感、文化上的团结统一，守望相助、手足情深。"可见，高校努力推进各民族之间的交往交流交融是新时代重要的思想政治教育内容，必须深刻认识加强各民族师生之间交往的重要性，这是实现民族团结、民族和谐的重要路径。

四是有助于培育青年学生的健康自信心理。随着科学技术的不断发展，以及全媒体时代的到来，各种人员和信息流动变得极为便利，青年学生如何抵制西方意识形态的渗透，避免西方文化渗透对青年大学生产生不良影响，这是当前学校思想政治教育必须要正视的问题。为此，应对青年学生加强马克思主义理论、中国特色社会主义理论、社会主义核心价值观、中华民族传统文化等教育，不断提升学生的文化自信、道路自信、理论自信和制度自信。"四个自信"犹如车之四轮，是共同支撑中华民族伟大复兴、傲立世界的底气所在。文化自信与道路自信、理论自信、制度自信是相互联系、不可分割的统一整体，但文化自信是"最根本的"，是更基础、更广泛、更深厚的自信。中华优秀传统文化是中华民族的精神命脉，是涵养社会主义核心价值观的重要源泉，也是我们在世界文化激流中站稳脚跟的坚实根基。正如习近平总书记所说："增强文化自觉和文化自信，是坚定道路自信、理论自信、制度自信的题中应有之义。"[①]因此，融入中华优秀传统文化内容的民族团结教育，将有助于培育和提升青年学生的民族自信、塑造积极健康的心理品格。

二、整体思路

本书主要围绕两个问题展开，一是新时代高职生的民族团结心理，二是新时代如何对高职生开展民族团结进步教育。具体分为三个步骤来实现：首先，考察新时代高职生民族团结心理意识，并对与团结心理意识相关的心理特征进行调查考证，为后续的研究和教育实践提供实证参考；其次，考察当前高职院校开展民族团结进步教育的现实情况及面临的困境，为提出可行性教育对策提供参考；最后，根据前面两部分的研究结果探索新时代高职生民族团结进步教育的具体对策。

三、主要内容

本书的核心内容主要由六个部分组成：

一是新时代高职生民族团结心理结构及现状调查。重点考察高职生民族团结心理结构、编制测评工具、考察民族团结心理特点及其影响因素。

二是高职生人际交往状况。重点考察高职生人际和谐特点、影响因素和人际危机干预措施等。

三是高职生群际接触结构、特点及其影响因素。主要是探索构建高职生群际接触的心理结构、编制测量工具，考察高职生群际接触现状及影响因素。

四是铸牢高职生中华民族共同体意识。重点探索构建高职生中华民族共同体意识的心理结构并编制测评问卷，调查高职生中华民族共同体意识及教育现状。

---

① 引自习近平总书记于2014年10月15日在文艺工作座谈会上的讲话。

五是关于高职生民族团结进步教育现状的调查。主要从两个角度进行调查，一是对高职生进行调查，二是对高职生的老师和家长进行调查。

六是提出改进高职生民族团结心理及教育的具体措施和对策。

四、研究方法

（一）研究对象

本书所涉及的研究调查对象主要有高职生、高校教师和家长三类群体。由于本书内容为多个研究课题成果的汇编，故每一章在调查对象和数量上都有所不同，详细数据见各章节。

（二）研究工具

本书使用到的研究方法以问卷调查和个案访谈为主，故所用工具主要是调查问卷，具体情况如下：

1. 成人问卷。包括"铸牢高职生中华民族共同体意识教育现状调查问卷"（自编）、"中华民族共同体意识的构成要素开放式问卷调查""高职院校民族团结教育现状调查问卷"（参考修订）。

2. 学生问卷。包括"高职生民族团结心理问卷"（自编）、"人际和谐问卷"（选用）、"心理资本问卷"（选用）、"焦虑问卷"（选用）、"孤独问卷"（选用）、"羞怯问卷"（选用）、"群际接触问卷"（自编）、"群际偏见问卷"（参考修订）、"群际信任问卷"（参考修订）、"群际焦虑问卷"（参考修订）、"高职生中华民族共同体意识评估问卷"（自编）、"高职生民族团结教育现状调查问卷"（参考修订）、"高职生民族团结心理影响因素问卷"（参考修订）。

（三）数据分析软件

本书所使用到的数据分析软件有 SPSS 23.0 和 Amos 23.0 两种。SPSS 23.0 主要用来进行数据管理、基本描述统计分析、T检验、方差分析、相关和回归等各种统计分析，Amos 23.0 主要用于验证性因素分析和结构方程模型检验等。

第二章

高职生民族团结心理结构及现状调查

在民族团结进步教育过程中，需要格外关注民族心理，特别是要深入研究在民族团结的形成过程中心理机制和心理规律的变化。因为只有将宏观的民族团结问题细化和深入到个体的微观心理变化过程，掌握民族团结心理结构的基本要素和影响因素，才能在开展民族团结教育的过程中做到有的放矢，避免因教育内容、方法或途径不当而导致阻抗心理或产生新的矛盾。基于此，本章将从微观视角出发，深入考察高职生民族团结心理结构及其影响因素。

第一节　高职生民族团结心理测评工具的开发

一、研究目的

加强民族团结进步教育，铸牢高职生中华民族共同体意识是新时代高职院校教育工作的重要内容。深入开展民族团结教育研究，探索创新教育形式，丰富教育教学内容，充分发挥多学科相互融合的优势，将有助于深度剖析高职生民族团结意识的心理机制。在以往的研究中，对民族团结心理及教育的研究往往比较宏观和宽泛，缺乏对民族团结心理结构的深层次分析，对高职生深层次民族团结的心理认知、情感体验和态度倾向等无法准确量化。因此，本研究在已有研究的基础上，欲借助心理测量学和心理统计学的量化研究方式，探索高职生民族团结内在心理结构，深入探讨民族团结心理机制的形成规律，为后续高职院校开展民族团结进步教育提供理论依据和实证参考。

二、研究现状

当前国内基于心理学视角深入探讨民族团结心理结构的研究还不多，即使有也是一些零星的研究，对民族团结心理内涵概念的界定也未能统一。有学者从民族心理学的视角对民族团结的内涵概念、心理结构进行了机理分析，认为民族团结是由民族之间的相互了解、友好情谊与合作意志三部分组成[①]。戴宁宁（2014年）认为民族团结心理是个体基于多民族、多元文化构成的社会，在感知、认识与思考基础上形成的一种意向性的心理反应，并将民族团结心理的基本构成要素划分为民族团结认知、民族团结态度和民族团结行为倾向三个部分。也有学者指出民族团结心理是个体对民族团结的内容及作用的认识和理解，是对民族团结价值及功能的认同接纳，也是对民族团结的态度和行为倾向（罗鸣春，2016年）。陈立鹏等人（2021年）则把民族团结心理结构划分为认知、情感和意向三个维度，认知维度主要是对民族团结的主观认知与判断，如对中华民族、中华文化、民族平等和民族相互依存的认同；情感维度主要是对民族团结事业的主观情感体验；意向维度则包括了意向和行为倾向。尹可丽等人（2018年）在对青少年进行研究时，把青少年民族团结心理界定为青少年对民族特征的认知、对中国民族理论与政策的认知，积极的民族认同，以及民族间良好的交往行为、较少冲突行为等，并分别编制了民族团结知识的记忆水平、民族认同、民族友好交往行为和交往冲突四个问卷。可见，尹可丽等人的研究要相对细化，他们将认知、情感、意志和行为等因素分开进行考察。但他们的研究主要以云南省少数民族青少年为对象，与高职生存在许多的不同。

[①]　张世富.民族心理学［M］.山东教育出版社，1996.

三、核心概念界定

综上可见，现阶段基于心理学视角的民族团结心理结构主要包含认知、情感、意志和行为四种要素。基于此，本研究将民族团结心理界定为个体在民族交往过程中对民族团结基本常识及其意义的认识、对族际交往结果（和谐或冲突）的情感体验，以及克服各种困难以实现族际正常交往的意志品质和其行为倾向。

四、开放式问卷调查

（一）编写问卷提纲

为进一步搜集资料，丰富研究内容，以民族团结心理为切入点，在参考已有研究的基础上，编制高职生民族团结心理开放式调查问卷提纲，具体内容如下：

性别：　　民族：　　是否有宗教信仰：　　年级：

1. 请谈谈您对民族团结基本常识及意义的认识。

2. 请谈谈您过往的族际交往感受。

3. 当族际交往遇到困难时，您会怎么做？

4. 您是如何进行族际交往的？

5. 请谈谈国徽、国旗对于您来说意味着什么？

6. 请谈谈您对自己民族与中华民族的理解与认识（或者感受）。

7. 您对其他民族的文化和生活习俗是怎么看的？

（二）调查方式及对象

此次调查采用集中统一的方式进行，对象为黔东南民族职业技术学院2个班的学生，共收回有效问卷87份，具体情况见表2-1。

表2-1 开放式问卷调查被试情况

性别		年级		民族					是否有宗教信仰	
男	女	大一	大二	汉	苗	布依	侗族	其他	是	否
36	51	41	46	23	20	14	16	14	6	81

（三）分析方法

根据质性研究的基本规律和要求，首先对收回来问卷进行筛查识别，去除空白问卷和没有认真回答的无效问卷，然后对有效问卷进行仔细阅读，并对被试的回答内容进行分类，统计意思相近的词汇或句子出现的频率。

（四）调查结果

根据统计分析要求和被试的回答，现将结果统计如下，具体见表2-2。

表2-2 开放式调查内容分析结果

民族团结是社会和谐稳定的基础（14）；民族团结有助于社会经济发展（16）；民族团结就是要放弃种族歧视，相互尊重文化生活习俗（8）；民族团结就是要内部保持平等和谐互助，一致坚决反对外部敌对力量和分裂行为（5）；民族团结国家才能强大（17）；民族团结才能实现互联互通，保持经济文化的交流与输出（13）；民族团结有助于国家稳定安全（10）	民族团结认知
觉得其他民族很热情（18）；感觉其他民族的风俗习惯很特别（7）；会因为沟通不便而感到苦恼（11）；因为语言不通，容易造成误解（6）；感觉各民族的文化不同（21）；中华民族的文化多种多样，都有兴趣了解（5）；我愿意为国家和民族的发展奉献自己的力量（19）；我深爱自己的民族，也喜欢其他民族（14）；国徽国旗是国家和中华民族的象征，能给予我无限的能量和安全感（13）	民族团结情感
要尊重其他民族的生活习俗（15）；遇到矛盾要冷静思考（19）；主动去了解和学习其他民族的文化与习惯（16）；与其他民族的同学产生矛盾后会找人帮忙化解（5）	民族团结意志
一起做喜欢的事情（21）；先介绍自己，再了解他们（15）；邀请他们去家里过节（7）；参加活动，多结交不同民族的同学（18）；要经常互动和交流（12）；在一起学习、玩耍（16）	民族团结行为

注：词条后面的数字表示意思相同的词条同时出现的频次。

从以上的划分来看，民族团结认知主要是对民族团结重要性和意义的认识，以及对族际互动现状结果的认识；民族团结情感主要是对族际交往过程的感受，以及对民族、对国家的感情或情结；民族意志主要是指能够克服各种困难去与其他民族进行良性交往的内在品质或动机；民族团结行为是指在前三个因素的影响下，个体采用某种措施或通过某些途径与其他民族进行交流互动的行为。

因此，根据开放式调查的结果，并在参考已有研究成果的基础上，本研究将高职生民族团结心理初步构建为民族团结认知、民族团结行为、民族团结情感和民族团结意志4个维度，并以此为理论依据编写问卷词条。

五、项目编写与修改

项目编写的资料主要来自相关研究文献和开放式问卷调查结果。其中开放式问卷调查所得的资料包括被试对民族团结的理解与认识、族际交往的感受等，已有研究文献主要是参考相关学者对民族团结心理的概念描述和所编问卷的具体项目。根据这两点思路，共收集、整理和编写了30条项目。然后将项目分别发给10位心理学研究生和老师阅读，根据大家的意见又做了进一步修改。

六、问卷施测

项目编写完成以后，在贵州省民族地区的高职院校进行施测。共调查了665名被试，其中男生331人、女生334人；大一301人、大二228人、大三136人。然后随机将所得数据分为A、B两组，A组（$n=333$）将用来进行项目分析和探索性因素分析，B组（$n=332$）将用来进行验证性因素分析和问卷信效度检验。

七、结果分析

（一）项目分析

项目分析主要采用两种方式，重点在于检测各个项目的区分度。一是计算各项目得分与总分之间的相关系数，如相关显著就保留，相关不显著就删除；二是采用总分27%高分组与27%低分组进行独立样本T检验，如果检验结果存在显著性差异就保留，差异不显著就删除。根据以上两个检测标准，使用A组数据进行分析，结果发现第16、23、31、35、37五个项目不满足以上两个条件。故将以上5个项目删除，最后用剩余的25个项目进行探索性因素分析。

（二）探索性因素分析

采用Bartlett球形检验及KMO的方式，对项目分析后剩余的25个项目进行分析，结果显示：KMO＝0.953，Bartlett球形检验卡方值为10245.978，相伴概率Sig＝0.000，数据适合做因素分析。运用主成分法实施因素分析，提取满足如下条件的因子：①特征值大于1；②因子载荷值大于等于0.4；③没有双重或多重负荷；④因子项目数大于等于3个。经Promax斜交旋转后，最终提取符合以上条件的4个因子，共计20个项目，其累计方差贡献率为83.716%。其中第30、33、36项因子载荷值低于0.4，第32项和第34项存在多重负荷，故将以上5项删除。最后，综合各因子项目描述的具体内容，特将4个因子分别命名为民族团结认知、民族团结行为、民族团结意志、民族团结情感。详细结果见表2-3。

表2-3　探索性因素分析结果

	团结认知		团结行为		团结意志		团结情感	
	项目	负荷	项目	负荷	项目	负荷	项目	负荷
	17	0.845	08	0.649	13	0.574	25	0.665
	18	0.913	09	0.887	14	0.765	26	0.722

续表

	团结认知		团结行为		团结意志		团结情感	
	项目	负荷	项目	负荷	项目	负荷	项目	负荷
	19	0.854	10	0.976	15	0.764	27	0.961
	20	0.906	11	0.841	28	0.899		
	21	0.932	12	0.701	29	0.897		
	22	0.948						
	24	0.814						
特征值	13.796		2.309		1.307		1.059	
方差贡献	62.710%		12.827%		5.089%		3.090%	

注：问卷的前7个题目为人口学变量，故正式问卷排序从08号开始。

（三）验证性因素分析

为进一步检验高职生民族团结心理结构划分的合理性，使用 B 组数据进行验证性因素分析，以数据的形式继续检验高职生民族团结心理结构模型的拟合性，维度的划分以探索性因素分析所得结果为准。具体结果见图2-1和表2-4。

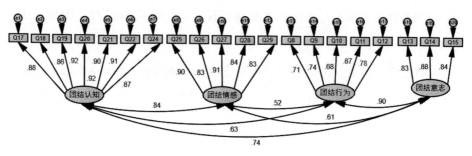

图2-1　高职生民族团结心理结构模型

表2-4　高职生民族团结心理问卷结构模型拟合指标

x^2	df	x^2/df	RMSEA	GFI	NFI	IFI	CFI	TLI
607.24	164	3.706	0.068	0.848	0.912	0.973	0.934	0.924

从验证性因素分析结果可见，高职生民族团结心理结构的理论构想是合理的，模型的各项拟合指标均达到了心理测量和心理统计学的要求，内部结构合理稳定。

（四）信效度检验

从表2-5可见：各因子与总问卷的 α 信度系数在0.862—0.965，分半信度在0.806—0.936，组合信度在0.851—0.936。此外，在黔东南民族职业技术学院选取了两个班共计92人做了重测检验（时间间隔为20天），结果发现重测信度在0.821—0.912。以上结果说明，高职生民族团结心理问卷具有良好的信度，问卷具有良好的稳定性。

表2-5 问卷信度系数

信度类型	民族团结认知	民族团结行为	民族团结意志	民族团结情感	总分
α 系数	0.965	0.862	0.879	0.933	0.955
分半信度	0.936	0.806	0.834	0.871	0.811
重测信度	0.912	0.833	0.821	0.888	0.897
组合信度	0.963	0.909	0.747	0.919	0.978

从表2-6可见：各因子与问卷总分之间为中等偏上显著相关，而各因子之间为中等偏下显著相关。这说明各维度的项目较好地反映了问卷所要测量的内容，相互之间既存在较好的联系，又具有一定的独立性。结合探索性因素分析和验证性因素分析结果可知，该问卷结构效度良好。

表2-6 相关系数矩阵

	团结心理总分	民族团结认知	民族团结行为	民族团结意志	民族团结情感
团结心理总分	1.000				
民族团结认知	0.708**	1.000			
民族团结行为	0.630**	0.474**	1.000		

	团结心理总分	民族团结认知	民族团结行为	民族团结意志	民族团结情感
民族团结意志	0.566**	0.490**	0.482**	1.000	
民族团结情感	0.619**	0.497**	0.470**	0.360**	1.000

注：* 表示 P<0.05；** 表示 P<0.01；*** 表示 P>0.001，后同。

八、讨论分析

关于民族团结心理结构的探讨与划分，目前研究者们所得出的结果存在较大的差异，依然没有形成统一的定论，这可能是由于研究者的学术背景和研究对象不同所导致的。从目前来看，政治学、人类学、民族学、心理学和社会学等学科都对民族团结心理进行过探讨和研究，相对来说，民族学方向的研究要相对系统和全面些。但梳理相关文献发现，即使是研究成果相对较多的民族学领域，对民族团结心理结构的探讨也是比较宽泛和片面的，大多是理论层面的探讨与总结，缺乏实证数据的支持。在心理学领域，目前仅见罗鸣春（2018年）编制的"民族团结心理量表"和陈立鹏等人（2021年）编制的"民族团结意识量表"，罗鸣春将民族团结心理划分为团结认知、团结认同和态度行为三个维度，陈立鹏则把民族团结意识划分为团结意向、团结认知和团结情感三个维度。此外，还有尹可丽（2018年）为评估云南省青少年民族团结心理状况编写的"青少年民族团结知识记忆问卷""青少年民族认同问卷"和"青少年民族交往行为倾向问卷"。可见，目前针对民族团结心理结构的研究还处于起步阶段，相关概念内涵的界定还没有统一。此外，民族团结心理特征可能还会受到被研究对象的年龄、生活环境、知识经验等因素的影响。所以在研究的过程中需要针对不同的对象区别对待，具体问题具体分析。而且中国是一个幅员辽阔、人口众多的多民族国家，不同民族之间的文化习俗、生活习惯、行为和思维方式等都存在一定的差异。在对其进行族际交往、建立跨族际友谊等问题的研究时，需要考虑不同群体的自身特点。这可能也是迄今为止，学界对民族团结心理结构划分一直没有定论的原因所在。本研究从高职生的实际生活出发，重点关注校园生活及其族际交往状况，对高职生的民族团结心理结构的划分，不仅切合了高职生校园族际交往和民族团结心理的实际情况，也符合本土化研究的原则，有利于获取更真实的实证数据支持。

此外，从理论构建的角度来看，所编制的高职生民族团结心理问卷既有理论依据，也有实证数据支持。一是问卷编制过程严格按照心理测量学的要求进行，并按照心理统计学的标准对各阶段数据进行分析处理，各项数据指标均达到了心理统计学的要求。整个问卷开发过程先后经历了文献研究、开放式问卷调查、专业咨询论证和问卷施测等环节，并对问卷的信效度进行数据检测，结果发现问卷的各项指标均很理想。因此，可以确定本研究所编的"高职生民族团结心理问卷"能够较好地反映高职生真实的民族团结心理状况。

第二节　高职生民族团结心理特征及影响因素

一、研究目的

考察高职生民族团结心理特征及其影响因素，对正确认识和理解民族团结教育具有重要意义。只有正确了解高职生民族团结心理特征及其影响因素，才能真正做到"因材施教"，提出科学合理的教育对策和建议。因此，在这一节，将使用"高职生民族团结心理问卷"对高职生群体进行施测，以了解他们的民族团结心理特征及其影响因素，为后续提出教育对策提供理论和实践依据。

二、研究方法

（一）研究对象

此次共调查了来自贵州省、云南省、四川省、重庆市、湖南省、湖北省、广西北族自治区、宁夏回族自治区、广东省和黑龙江省等地的1092名高职生。其中男生295人、女生797人；来自农村的有980人、城市的有112人；大一438人、大二475人、大三179人；汉族563人、苗族214人、侗族105人、其他民族210人；自然科学类专业807人、人文社科类专业285人。

（二）研究工具

1. 采用自编"高职生民族团结心理问卷"实施调查，问卷的详细参数见本章第一节，在此不再赘述。

2. 参考焦敏（2015年）等人的研究，编制"高职生民族团结心理影响因素问卷"，问卷共包含民族团结专门课程教学建设、民族团结校园文化建设、民族团结融入相关课程情况、民族团结教育现状评估、家庭教育影响、民族团结基本常识储备和对待民族团结的态度共7个方面。

（三）数据分析

采用SPSS 23.0统计软件进行数据录入、管理和分析，主要进行基本描述统计、独立样本T检验、方差分析、相关分析和回归分析等；使用Amos 23.0进行路径模型分析。

（四）研究假设

参照已有研究，结合本研究的前期调查结果，本研究提出如下两点研究假设：

假设1　学校民族教育课程建设将是影响民族教育成效最关键的因素，同时受到校园文化、课程融入等因素的影响；

假设2　父母对待民族团结的态度和他们自身掌握民族团结知识的程度将会对个体产生最基础的影响效果。

三、研究结果

（一）高职生民族团结心理的基本特征

1. 高职生民族团结心理各维度及总均分的数据分布情况

从表2-7和2-8结果可知：高职生民族团结心理总均分和各维度得分均比较高，数据基本呈负偏态分布，所有维度的众数都是5，这表明很多高职生在这四个维度上的得分都很高。而且从与理论中值"3"的配对样本T检验结果可见，各维度及总均分的得分均显著高于理论中值（$P<0.001$）。

表2-7　各维度均分与总均分的数据分布情况（n=1092）

考察变量	Mean	Median	Mode	SD	$1 \leqslant X < 3$	$X=3$	$3 < X \leqslant 5$
总均分	4.776	4.950	5.000	0.403	0.7%	0.4%	98.9%
认知	4.844	5.000	5.000	0.439	0.7%	0.8%	98.5%
行为	4.626	4.800	5.000	0.533	0.7%	1.1%	98.2%
意志	4.668	5.000	5.000	0.554	1.1%	1.0%	97.9%
情感	4.897	5.000	5.000	0.359	0.4%	0.8%	98.2%

注：1表示"非常不符合"；2表示"基本不符合"；3表示"介于不符合与符合之间"；4表示"基本符合"；5表示"非常符合"。

表2-8　高职生民族团结心理得分与理论中值的比较分析（n=1092）

考察变量	实际得分		问卷理论中值	T	P
	Mean	SD			
总均分	4.776	0.403	3.000	145.571	0.000
认知	4.844	0.439	3.000	138.780	0.000
行为	4.626	0.533	3.000	100.765	0.000
意志	4.668	0.554	3.000	99.481	0.000
情感	4.897	0.359	3.000	174.320	0.000

2. 高职生民族团结心理各维度及总均分的差异比较分析

从表2-9可知：在总均分和各维度上总体是男生略高于女生，但都没有达到显著水平（$P>0.05$），即高职生在民族团结心理上不存在显著的性别差异。

表2-9　不同性别高职生民族团结心理均分情况比较（$n=1092$）

变量	男生		女生		T	P
	Mean	*SD*	*Mean*	*SD*		
总均分	4.784	0.398	4.774	0.405	0.364	0.716
认知	4.852	0.462	4.841	0.431	0.383	0.702
行为	4.646	0.526	4.618	0.536	0.757	0.449
意志	4.675	0.604	4.648	0.535	−0.741	0.459
情感	4.907	0.321	4.894	0.373	0.541	0.589

从表2-10可见：高职生民族团结心理总体上是大一得分最高、大三其次、大二最低。其中在民族团结行为和民族团结意志两个维度上的差异达到显著水平（$P<0.05$）。

表2-10　不同年级高职生民族团结心理均分情况比较（$n=1092$）

变量	大一		大二		大三		F	P
	Mean	*SD*	*Mean*	*SD*	*Mean*	*SD*		
总均分	4.806	0.375	4.746	0.414	4.757	0.497	2.785	0.062
认知	4.869	0.397	4.819	0.461	4.814	0.558	1.862	0.156
行为	4.671	0.501	4.577	0.565	4.613	0.523	4.013	0.018
意志	4.708	0.526	4.623	0.584	4.663	0.543	3.079	0.046
情感	4.907	0.330	4.889	0.360	4.878	0.518	0.440	0.644

从表2-11可知：高职生民族团结心理在专业类别上，除了民族团结情感是文科生高于理科生之外，其余维度和总均分都是理科生高于文科生，且在民族团结认知（$P\leqslant0.01$）和总均分（$P<0.05$）上差异达到显著水平。

表2-11 不同专业类型高职生民族团结心理均分情况比较（n=1092）

变量	自然科学类		人文社科类		T	P
	Mean	SD	Mean	SD		
总均分	4.776	0.429	4.640	0.319	3.183	0.043
认知	4.830	0.474	4.534	0.318	5.713	0.010
行为	4.641	0.533	4.585	0.531	1.527	0.127
意志	4.678	0.568	4.637	0.511	1.080	0.280
情感	4.890	0.385	4.919	0.276	−1.155	0.248

从表2-12可见：高职生民族团结心理各维度和总均分都是汉族学生略高于少数民族学生，但差异都不显著（$P>0.05$）。

表2-12 不同民族高职生民族团结心理均分情况比较（n=1092）

考察	汉族		少数民族		T	P
	Mean	SD	Mean	SD		
总均分	4.789	0.418	4.763	0.387	1.078	0.281
认知	4.862	0.457	4.824	0.418	1.401	0.162
行为	4.626	0.552	4.625	0.513	0.018	0.986
意志	4.682	0.574	4.652	0.533	0.908	0.364
情感	4.914	0.349	4.879	0.370	1.574	0.116

从表2-13可知：高职生民族团结心理得分基本上是随自信水平的上升而提高，越自信的人得分就越高。其中在行为（$P<0.01$）、意志（$P<0.01$）和总均分（$P<0.05$）上的差异达到了显著水平。

表 2-13 不同自信水平高职生民族团结心理均分情况比较（ *n*=1092 ）

变量	非常自信		比较自信		有点自卑		非常自卑		*F*	*P*
	Mean	*SD*	*Mean*	*SD*	*Mean*	*SD*	*Mean*	*SD*		
总均分	4.819	0.552	4.794	0.353	4.722	0.417	4.654	0.575	3.214	0.022
认知	4.837	0.607	4.856	0.393	4.829	0.433	4.688	0.669	1.195	0.311
行为	4.773	0.595	4.653	0.473	4.491	0.598	4.490	0.739	9.567	0.000
意志	4.768	0.656	4.692	0.514	4.571	0.565	4.515	0.761	5.169	0.002
情感	4.870	0.503	4.908	0.314	4.886	0.379	4.855	0.450	0.643	0.588

从表 2-14 可知：农村学生在各维度和总均分上都要略高于城市学生，但差异没有达到显著水平（ *P*>0.05 ）。

表 2-14 高职生民族团结心理均分的城乡差异比较（ *n*=1092 ）

考察	农村		城市		*T*	*P*
	Mean	*SD*	*Mean*	*SD*		
总均分	4.778	0.395	4.756	0.469	0.546	0.585
认知	4.846	0.430	4.821	0.509	0.572	0.567
行为	4.626	0.527	4.625	0.583	0.021	0.983
意志	4.675	0.541	4.604	0.659	1.285	0.199
情感	4.898	0.361	4.889	0.347	0.253	0.800

（二）高职生民族团结心理的影响因素

1. 各影响变量与高职生民族团结心理的相关分析

从表 2-15 可见：民族团结教育课程教学与民族团结行为、民族团结意志存在显著正相关（ *P*<0.05 ）；民族团结教育校园文化建设与总均分（ *P*<0.05 ）、民族团结行为和民族团结意志存在显著正相关（ *P*<0.01 ）；民族团结教育课程融入其他相关课程与总均分、民族团结认知、民族团结行为和民族团结意志

都存在显著正相关（P<0.01）；对民族团结教育现状的评估与各维度及总均分都存在显著正相关（P<0.01）；家庭教育影响与各维度及总均分都存在显著的正相关（P<0.01）；民族团结知识储备与总均分及各维度都存在显著正相关（P<0.05）；对民族团结的态度与各维度及总均分都存在显著的正相关（P<0.01）。

表2-15　各影响变量与高职生民族团结心理的相关分析（n=1092）

各变量	总均分	团结认知	团结行为	团结意志	团结情感
课程教学	0.021	0.039	0.077*	0.082*	0.030
校园文化	0.062*	0.005	0.116**	0.141**	0.018
课程融入	0.127**	0.088**	0.138**	0.172**	0.058
现状评估	0.177**	0.137**	0.160**	0.202**	0.138**
家庭教育	0.235**	0.175**	0.262**	0.240**	0.142**
常识储备	0.089**	0.077*	0.071*	0.107**	0.064*
团结态度	0.307**	0.254**	0.288**	0.305**	0.236**

2. 各影响变量与高职生民族团结心理的回归分析

从相关分析结果可知，以上7个变量与高职生民族团结心理特征都存在一定程度的显著正相关，为了更进一步地验证各变量对高职生民族团结心理特征的影响效果，特以这7个变量作为自变量，以高职生民族团结心理特征作为因变量进行多元线性回归分析，具体结果见表2-16。从回归分析结果来看，仅有民族团结教育课程教学、对民族团结教育现状评估、家庭教育影响和对民族团结态度4个变量进入了回归模型，其余变量没有进入回归模型。

表2-16　各影响变量与高职生民族团结心理的回归分析（n=1092）

自变量	因变量	β	T	P	R^2	F	P
课程教学	总均分	0.183	3.891	0.000	0.140	44.346	0.000
现状评估		0.186	3.742	0.000			
家庭影响		0.159	6.249	0.000			

续表

自变量	因变量	β	T	P	R^2	F	P
团结态度		0.213	8.555	0.000			
课程教学	认知	0.248	3.606	0.000	0.106	18.365	0.000
现状评估		0.170	2.978	0.003			
家庭影响		0.135	4.718	0.000			
团结态度		0.196	6.929	0.000			
课程教学	行为	0.166	2.018	0.044	0.131	23.269	0.000
现状评估		0.150	2.196	0.028			
家庭影响		0.234	6.812	0.000			
团结态度		0.246	7.270	0.000			
课程教学	意志	0.240	2.822	0.005	0.141	25.488	0.000
现状评估		0.237	3.364	0.001			
家庭影响		0.195	5.486	0.000			
团结态度		0.259	7.414	0.000			
课程教学	情感	0.134	2.348	0.019	0.087	14.755	0.000
现状评估		0.163	3.443	0.001			
家庭影响		0.086	3.632	0.000			
团结态度		0.155	6.614	0.000			

从表2-16可知：4个进入回归模型的变量对总均分的方差解释变异量为14%、对民族团结认知的方差解释变异量为10.6%、对民族团结行为的方差解释变异量为13.1%、对民族团结意志的方差解释变异量为14.1%、对民族团结情感的方差解释变异量为8.7%。这说明以上4个变量对高职生民族团结心理特征的变化具有显著的正向预测作用。

3.各变量影响高职生民族团结心理的路径分析

从前面的相关和回归分析结果来看，民族团结教育课程教学和家庭教育影响等4个变量对高职生民族团结心理特征存在显著的正向预测作用。为了进一步验证这一结果，特使用 Amos 23.0 统计软件进行验证性的路径模型分析，具体结果见图2-2和表2-17、表2-18、表2-19。

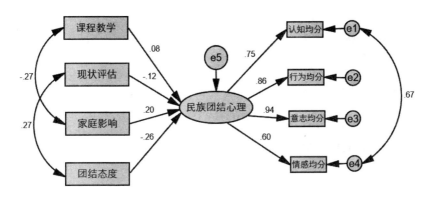

图2-2 各变量对高职生民族团结心理影响的路径分析模型

表2-17 各变量对高职生民族团结心理影响的结构模型拟合指标

x^2	df	x^2/df	RMSEA	GFI	NFI	IFI	CFI	TLI
180.049	28	6.430	0.070	0.915	0.941	0.945	0.945	0.909

从图2-2和表2-17可见，各变量对高职生民族团结心理特征影响的路径分析模型各拟合指标理想，达到了结构方程模型的统计学标准。从表2-18结果可知，各影响变量对高职生民族团结心理的影响都达到了显著水平（$P<0.05$）。

表2-18 各变量对高职生民族团结心理路径分析结果

变量关系	路径系数	C.R	P	5%检验结果
现状评估→团结心理	−0.164	−4.038	0.000	成立
家庭影响→团结心理	0.140	6.545	0.000	成立
团结态度→团结心理	−0.117	−8.395	0.000	成立
课程教学→团结心理	0.093	2.456	0.014	成立

表2-19 各变量对高职生民族团结心理结构方程多元相关平方系数

	总均分	认知	行为	意志	情感
多元相关平方系数（R^2）	0.141	0.365	0.886	0.747	0.557

从表2-19结果可知：4个影响因素可以联合解释"民族团结心理总均分"14.1%的变异量、解释"民族团结认知"36.5%的变异量、解释"民族团结行为"88.6%的变异量、解释"民族团结意志"74.7%的变异量、解释"民族团结情感"55.7%的变异量。

四、讨论分析

（一）高职生民族团结心理的特征分析

研究结果发现，高职生民族团结心理各维度得分比较高，都显著高于理论中值（P<0.001），高职生民族团结心理整体水平比较理想，这与以往的相关研究结果基本一致（罗鸣春，2018年；旦增卓玛，2021年）。这表明各高职院校在认真深入贯彻执行党的民族政策和教育方针，在推进高职生民族团结进步教育方面取得了喜人成绩。新形势下，加强民族团结进步教育，不仅是教育工作的根本任务要求[1]，也是顺利实现中华民族伟大"中国梦"的必然要求[2]。因此，加强民族团结进步教育，特别是要把铸牢中华民族共同体意识纳入高职生的人才培养方案，教育引导各族青年学子树立正确的国家观、历史观、民族观、文化观、宗教观，让中华民族共同体意识根植于青年学子的心灵深处。信息化时代的到来，各种文化与思潮的交织影响，极易对价值观体

---

[1] 习近平总书记在2018年全国教育大会上指出："我国是中国共产党领导的社会主义国家，这就决定了我们的教育必须把培养社会主义建设者和接班人作为根本任务，培养一代又一代拥护中国共产党领导和我国社会主义制度、立志为中国特色社会主义奋斗终身的有用人才。"

[2] 2021年习近平总书记在青海考察时强调："全面建设社会主义现代化国家，一个民族也不能少。在中华民族大家庭中，大家只有像石榴籽一样紧紧抱在一起，手足相亲、守望相助，才能实现民族复兴的伟大梦想，民族团结进步之花才能长盛不衰。"

系尚未成型的青年学生产生不利影响。因此，新时代高职院校需要与时俱进，不断探索和创新民族团结进步教育方式和载体，进一步巩固和夯实民族团结进步教育成效。

此外，本研究调查还发现高职生民族团结心理特征在性别、地域、民族等方面不存在显著差异，但在年级、自信水平、专业类型上存在显著差异。这可能是由于内隐变量更容易影响个体心理变化（戴宁宁，2014年）。因为伴随年级和专业变化的年龄及其心理特征属于影响个体的内隐变量，而性别、地域和民族等身份信息则属于外显变量。因此，在今后的民族团结进步教育过程中，需要更加注重学生内在心理的触动与改变，需要挖掘和创新各种教育途径和载体，不断铸牢中华民族共同体意识，深化各民族之间的交往交流交融，进而改变彼此之间的错误认知和偏见等内隐态度。

（二）高职生民族团结心理的影响因素分析

本研究结果表明，民族团结教育课程教学、家庭教育影响、民族团结教育开展状况评估以及对待民族团结的态度四个变量对高职生民族团结心理特征具有显著的影响效果。应该说，学校和家庭是开展民族团结教育的两个主要阵地，而学校的课堂教学与家庭中父母对待民族团结教育的态度和父母自身民族团结的知识储备将是影响个体民族团结心理形成的两个关键教育因素。个体对民族团结教育开展状况的评估刚好是对学校及家庭开展民族团结教育效果的体现，并对个体对待民族团结本身的态度产生影响。因此，学校民族团结教育课程建设和家庭教育影响是决定高职生民族团结进步教育的关键性因素，特别是父母和老师对待民族团结的态度，会对个体从小形成潜移默化的影响，影响极为持久和深远。从研究结果来看，各影响因素对高职生民族团结心理特征都存在显著的正向影响预测作用，这与之前的研究假设基本一致。因此，在对高职生开展民族团结进步教育过程中，需要特别重视民族团结教育专门课程或民族团结课程融入建设，因为这是对高职生开展民族团结教育最直接和最有效的途径。同时，也要重视民族团结校园文化、家庭教育等要素的影响。

五、研究小结

（一）本研究所编的"高职生民族团结心理问卷"分为民族团结认知、民族团结行为、民族团结意志和民族团结情感四个维度，共计20个项目，问卷信效度良好，可以作为评估高职生民族团结心理特征的测评工具。

（二）高职生民族团结心理得分整体偏高，说明当前高职院校在深入贯彻执行党的民族政策和教育方针上取得了良好效果。

（三）高职生民族心理特征在性别、民族和生活地域等外显身份之间差异不显著，但在年级、专业和自信水平等方面存在显著差异。

（四）学校民族团结课程教学建设、民族团结教育现状、家庭教育影响和对待民族团结教育态度等因素对高职生民族团结心理特征的形成与发展存在显著的正向影响作用。

第三章

高职生人际和谐及心理干预研究

人际和谐不仅是高职生心理健康的重要指标，更是校园族际和谐的重要体现。对高职生的校园人际和谐现状进行评估，将有助于全面了解他们的族际交往及其关系现状。探索高职生人际危机的干预措施，将有助于丰富民族团结教育的措施方法。因此，本研究拟从高职生的校园人际和谐出发，重点评估当前高职生人际和谐的现状，并探讨影响因素及其干预措施，以期能够进一步丰富高职生民族团结教育理论，拓展高职生民族团结教育实践。

第一节　研究概述

人际和谐是指人际关系的和谐，表现为人与人在交往过程中没有太大的利益冲突，能够很好地处理彼此的利益关系，相互包容与理解，以达到一种和谐的状态。人际和谐是社会和谐的重要组成部分，它作为社会和谐的核心指标，对社会和谐、自我和谐（王登峰、黄希庭，2007年）以及族际和谐都具有重要的影响作用。此外，人际和谐还能反映个体的认知、情绪情感、态度、个性特征等因素，并受这些因素影响（陈玲，2001年）。因此，以上因素的正常将直接关系到个体的群际交往与和谐，也是评估族际交往状况的重要指标。与此同时，高职生由于正处于身心发展的"稚嫩与动荡"向"成熟与稳定"的过渡阶段，会受到社会诸多因素的交织影响，比如人际交往取向、内容、方式以及价值观的形成等。而个体内在的心理能量也会对人际和谐产生影响。比如，有研究发现心理资本与心理健康具有显著的相关关系，在生活压力前提下，心理资本对心理健康具有非常显著的影响作用（杨会芹、刘晖、王改侠，2013年）。"心理资本"这一概念最早由弗雷德·卢桑斯（Fred Luthans）等人提出，它是指个体一般积极性的核心心理要素，具体表现为符合积极组织行为标准的心理状态，其超出了人力资本和社会资本，并能够通过有针对性地投入和开发而使个体获得竞争优势（甄美荣、彭纪生，2010年）。人际和谐既是个体最基本的社会需要，是心理健康的标准之一，也是族群关系状态的一种体现。因此，心理资本是否与人际和谐也存在某种关系？肖进等人的研究发现，宿舍冲突状况对大学生心理资本的希望、韧性的影响非常显著；宿舍互助亲密状况对大学生心理资本的自我效能感、韧性以及乐观具有非常显著的影响效果（肖进、孙依娃、周慧昕，2013年）。此外，也有研究发现在缺乏自我效能感时，个体很容易产生自卑感，且倾向于对他人做出消极评价，进而使得他们在人际交往中容易产生羞怯和焦虑等负性情绪体验，这些消极的情绪体验又会使他们对社交情景产生回避和人际排斥的行为，而社交回避和人际排斥所导致的直接结果就是人际不和谐，进而产生社交孤独感。这种孤独感反过来又会使个体降低自我效能感和增加消极归因，而较低的自我效能感和较强的消极归因又容易导致个体在人际交往中产生羞怯和焦虑等负性情绪，以致最终影响人际和谐（简才永、张乾宁子、植凤英，2015年）。因此，学校心理健康教育最关键的不是教给学生多少理论知识和心理调适技巧，而是帮助他们提升自身的心理品质，让他们拥有更丰富的心理资本，以便能够独自应付各种竞争和挑战。李彩娜等人的研究也发现较高的自我效能感对调节负性情绪、降低社交羞怯和焦虑，以及提高自我积极情绪表达的信念都有较为明显的作用（李彩娜、党健宁、何珊珊，2013年）。可见，自我效能感等积极心理资本对人际和谐以及心理健康确实具有一定的影响效果。甚至有学者主张将人际型心理资本作为本土心理资本的一个维度（主要包括自谦、利他、感恩、情商和自我效能感），并发现在中国文化背景下，人际型心理资本对职业幸福感的影响作用更大（吴伟炯、刘毅、路红、谢雪贤，2012年）。因为拥有较高人际型心理资本个体的心理能量更充足，他们能够长远地看待努力和回报的关系，在面对各种工作压力和冲突时能够合理减缓个人资源消耗，也容易得到来自家人、朋友、同事方面的社会支持（同上），进而维持其内在心理活动和外在人际交流的和谐。因此，基于以上分析，本研究拟假设作为内在核心心理要素的心理资本对个体外在社交行为具有显著的影响效果，即心理资本各维度与人际和谐各维度具有显著的相关性，心理资本对人际和谐具有显著的预测效果。

此外，人际交往是每个人最基本的社会需要，也是判别个体心理健康与否的标准之一。美国《心理障碍诊断与统计手册》第五版中将人际和谐作为心理障碍的诊断指标，指出当个体与家人、朋友等社会关系出现问题时就可能会导致心理障碍（王建平，2005年）。而国内出版的相关书籍中，凡涉及心理健康标准的也证实了这一说法（严玲、常雅娟，2012年；许宛欣、王冠乐、李亭钰，2012年）。已有研究显示，羞怯、焦虑和亲密感困难等都是人际交往中容易出现的负性体验。如羞怯常与消极的社会适应结果有关（Zimbardo P G，1990年）；羞怯的个体常表现为低自尊、自卑、社交焦虑（Cowden C R，2005年）和亲密感困难（Myers B C，2005年）；而在羞怯导致的不良后果中，孤独感最为普遍（Ashe D D，Mc Cutcheon L E，2001年；Jackson T，Fritch A，Nagasaka T，et al，2002年）；羞怯常与个体对社交情景的回避（Cacioppo J T，Hawkley L C，Berntson G G，2003年）和人际排斥（Heiser N A，Turner S M，Beidel D C，et al，2009年）共同表现出来；羞怯个体存在较多的消极情绪体验（Lightsey J，Owen R，Maxwell D A，et al，2011年）。而对于新时代的高职生来说，社交羞怯、焦虑、孤独是否会影响其族际交流态度和行为，进而对积极的族际交往交流产生影响？这个问题目前还没有人做过详细的研究，而这个问题又是在高职生族际交往过程中不可忽略的内容。因此，探索高职生社交羞怯、焦虑、孤独与人际和谐的关系，对高职生民族交往及教育工作将具有理论和现实的借鉴意义。为了明晰高职生社交羞怯、焦虑、孤独和人际和谐之间的关系，拟提出以下两点研究假设。

假设1：羞怯、焦虑、孤独与人际和谐具有显著的相关关系，羞怯对焦虑、人际和谐都具有显著的预测作用，且能通过社交焦虑进一步影响人际和谐。

假设2：孤独既是交际失败结果的表现，也是人际不和谐的间接原因，即孤独感会进一步加深个体的羞怯、焦虑，进而最终影响人际和谐。

一、研究目的

基于以上分析，本研究结合已有研究和社会现实需求，拟对高职生人际交往状况及其影响因素展开调查研究，这不仅有利于加深对高职生的族际交往现状、交际能力、困境以及影响因素的了解，而且也能为高职生的心理健康教育和民族团结进步教育提供可靠的现实依据。

二、研究方法

（一）研究对象

通过线上线下相结合的方式，在贵州、云南、江西、河南、山东、四川、重庆和湖北等省市随机选取了11所高职院校的1800名学生进行调查，收回有效问卷1548份，有效回收率为86%。涉及文史、艺术、经管、农林、理工和医药等专业的学生，其中男生740人、女生808人；大一758人、大二704人、大三86人。

（二）研究工具

1. 人际和谐问卷。人际和谐量表采用"学生人际和谐量表"（简才永、植凤英，2013年），该量表共16个项目，4个维度（同学和谐、师生和谐、家人和谐与族际和谐），采用5级计分法，从"1表示非常不符合"到"5表示非常符合"，得分越高，表示人际关系越和谐，4个维度得分加起来为总的人际和谐得分。该量表各维度及总的重测信度分别是0.765、0.879、0.826、0.828、0.897，而采用本次调查数据所算得 α 信度系数分别为0.760、0.764、0.737、0.724、0.857。所以，由以上数据可以看出，该量表具有较好的稳定性和有效性。

2. 心理资本问卷。采用卢桑斯等编制、李超平翻译的"心理资本问卷"（PCQ-24），包括自我效能感、希望、乐观、韧性4个维度，共24题，其中3道反向计分题，分别为条目13、20、23题。该问卷使用6级计分法，从"1表示非常不同意"到"6表示非常同意"（Luthans F，Carolyn M，Bruce J，et al，2008年）。利用此次调查数据算得总问卷的 α 系数为0.845，各维度的 α 系数在0.756—0.801之间。

3. 羞怯量表。采用 Cheek 于1983年编制的"羞怯量表"中文版，该量表共13个项目，采用5级评分，从"1表示极不相符或不真实"到"5表示极为相符或真实"，其中4个项目（3、6、9、12）反向计分后与其他项目相加得到量表总分，分数越高表示羞怯水平越高（汪向东，1999年）。利用调查数据算得的 α 系数为0.781。

4. 孤独量表。采用 Russell 等人于1978年编制的"孤独量表"中文版，该量表共20个项目，采用4级评分，从"1表示从不"到"4表示一直"，得分越高表示孤独程度越高（汪向东，1999年）。利用调查数据算得的 α 系数为0.764。

5. 焦虑量表。采用由 Leary 编制的"焦虑量表"中文版，该量表共有15条自陈条目，采用5级评分，从"1表示一点儿也不符合我"到"5表示非常符合我"，得分越高说明焦虑程度越高（汪向东，1999年）。利用调查数据算得的 α 系数为0.688。

（三）数据分析

采用 SPSS 23.0统计软件包对数据进行录入和分析，主要分析方法有 T 检验、相关分析以及回归分析等。

第二节　高职生人际和谐的现状及影响因素

一、高职生人际和谐的现状调查结果

（一）高职生人际和谐的基本情况及与青少年常模的比较

对高职生人际和谐调查数据的基本分布情况进行分析可以发现（见表3-1）：在师生和谐这个维度得分呈正偏态，其余三个维度及总量表的得分都呈负偏态分布，而且师生和谐得分要明显低于其他维度。

表3-1　高职生人际和谐的基本情况（*n*=1548）

变量	Mean	Median	Mode	Minimum	Maximum
同学和谐	15.19	15.00	16.00	4.00	20.00
师生和谐	10.96	11.00	10.00	4.00	20.00
族际和谐	15.06	15.00	16.00	4.00	20.00
家人和谐	15.82	16.00	16.00	4.00	20.00
和谐总分	57.04	57.00	59.00	16.00	80.00

通过对高职生人际和谐得分与青少年常模进行比较发现（见表3-2）：在同学和谐这个维度上高职生显著低于青少年（$P<0.000$），在其余三个维度以及总量表得分上高职生都要显著高于青少年（$P<0.000$）。

表3-2　高职生人际和谐与青少年常模比较结果（M±SD）

变量	高职生（*n*=1548）	青少年常模（*n*=1804）	*T*	*P*
同学和谐	15.19 ± 2.56	15.34 ± 3.21	−1.46	0.000
师生和谐	10.96 ± 3.02	10.32 ± 3.71	5.43	0.000
族际和谐	15.06 ± 2.57	14.87 ± 3.29	1.92	0.000

续表

变量	高职生（$n=1548$）	青少年常模（$n=1804$）	T	P
家人和谐	15.82 ± 2.83	15.80 ± 3.57	0.15	0.000
和谐总分	57.04 ± 8.22	56.33 ± 9.34	2.31	0.000

（二）高职生人际和谐的人口学比较分析

重点考察了性别因素、班级角色、学习成绩、自信水平等因素对高职生人际和谐的影响情况。具体结果见表3-3至表3-6。

表3-3　高职生人际和谐的性别差异T检验（M±SD）

影响因子	同学和谐	师生和谐	族际和谐	家人和谐	和谐总分
男生	15.34 ± 2.69	11.28 ± 3.21	15.36 ± 2.70	15.71 ± 2.87	57.70 ± 8.83
女生	15.06 ± 2.44	10.65 ± 2.79	14.78 ± 2.40	15.92 ± 2.78	56.42 ± 7.56
T	2.16	4.15	4.44	−1.45	3.08
P	0.02	0.00	0.00	0.23	0.00

表3-4　高职生人际和谐在班级角色上的T检验（M±SD）

影响因子	同学和谐	师生和谐	族际和谐	家人和谐	和谐总分
班干	15.34 ± 2.76	11.90 ± 2.94	15.21 ± 2.82	15.71 ± 3.01	58.17 ± 8.90
非班干	15.13 ± 2.47	10.52 ± 2.95	14.99 ± 2.44	15.87 ± 2.74	56.51 ± 7.84
T	1.51	8.57	1.54	−1.01	3.69
P	0.02	0.61	0.00	0.00	0.01

表3-5　高职生人际和谐在学习成绩上的方差检验（M±SD）

影响因子	同学和谐	师生和谐	族际和谐	家人和谐	和谐总分
优秀	15.19 ± 3.25	11.93 ± 3.51	14.76 ± 3.28	15.31 ± 3.42	57.20 ± 11.17
中等偏上	15.42 ± 2.62	11.29 ± 2.74	15.21 ± 2.58	15.99 ± 2.86	27.91 ± 8.10

续表

影响因子	同学和谐	师生和谐	族际和谐	家人和谐	和谐总分
中等	15.24 ± 2.28	10.74 ± 2.89	15.12 ± 2.36	16.02 ± 2.58	57.13 ± 7.31
中等偏下	14.20 ± 2.45	9.54 ± 2.91	14.76 ± 2.28	15.01 ± 2.73	53.52 ± 6.79
很差	14.40 ± 2.47	9.85 ± 3.66	14.50 ± 2.44	14.85 ± 2.91	53.60 ± 8.39
F	5.86	15.18	1.98	6.43	7.49
P	0.00	0.00	0.09	0.00	0.00

表3-6　高职生人际和谐在自信水平上的方差检验（M±SD）

影响因子	同学和谐	师生和谐	族际和谐	家人和谐	和谐总分
非常自信	15.59 ± 3.24	12.12 ± 3.28	15.39 ± 3.20	16.02 ± 3.21	59.14 ± 10.54
有点自信	15.28 ± 2.31	10.93 ± 2.78	15.12 ± 2.37	15.96 ± 2.68	57.30 ± 7.25
有点自卑	14.62 ± 2.38	9.94 ± 2.98	14.60 ± 2.26	15.26 ± 2.72	54.44 ± 7.54
非常自卑	14.04 ± 2.85	9.90 ± 3.52	14.28 ± 3.30	14.95 ± 3.22	53.19 ± 8.24
F	9.52	29.09	5.96	5.98	19.53
P	0.00	0.00	0.00	0.00	0.00

从表3-3至表3-6中可以看出：在性别变量上，仅有家人和谐一个维度不存在显著差异（$P > 0.05$），其余均表现出显著性的差异（$P < 0.05$），而且都是男生显著高于女生；在班级角色变量上，仅有师生和谐一个维度差异不显著（$P > 0.05$），其余均表现出显著性差异（$P < 0.05$）；在学习成绩变量上，仅有族际和谐一个维度差异不显著（$P > 0.05$），其余各维度差异均达到了非常显著的水平（$P < 0.01$）；在自信水平中每个维度都达到了非常显著的差异水平（$P < 0.01$）。

二、高职生人际和谐的影响因素分析

（一）心理资本与人际和谐的关系

由表3-7中可知：心理资本各维度与人际和谐各维度之间均存在非常显著的正相关（$P<0.01$）。

表3-7　心理资本与人际和谐的相关矩阵

项目	自我效能感	希望	韧性	乐观	心理资本总分
族际和谐	0.37**	0.36**	0.40**	0.30**	0.45**
师生和谐	0.26**	0.34**	0.30**	0.21**	0.35**
同学和谐	0.46**	0.45**	0.38**	0.37**	0.53**
家人和谐	0.34**	0.31**	0.29**	0.30**	0.40**
人际总分	0.47**	0.48**	0.45**	0.39**	0.58**

为了进一步了解高职生心理资本对人际和谐的影响效果，分别以心理资本的四个维度作为预测变量进行回归分析，以验证所提出的研究假设。具体结果见表3-8。

表3-8　心理资本对人际和谐的多元回归分析

结果变量	预测变量	R	R^2	F	β	t
人际总分	自我效能感	0.58	0.34	47.66***	2.78	4.31***
	希望				1.82	2.70**
	韧性				3.07	3.84***
	乐观				1.88	3.05**
族际和谐	自我效能感	0.47	0.22	26.65***	0.66	3.36***
	韧性				1.06	4.33***
	乐观				0.38	1.99*
师生和谐	希望	0.36	0.13	14.41***	0.90	2.89**
	韧性				0.89	2.42*

续表

结果变量	预测变量	R	R^2	F	β	t
同学和谐	自我效能感	0.54	0.29	38.37***	0.99	4.79***
	希望				0.52	2.43*
	韧性				0.51	2.05*
	乐观				0.62	3.13**
家人和谐	自我效能感	0.40	0.16	18.37***	0.83	3.22***
	韧性				0.59	1.87*
	乐观				0.72	2.94**

采用逐步回归分析的方法，以人际和谐作为结果变量，考察心理资本各维度对人际和谐的影响效果（见表3-8）。当以人际和谐总分为结果变量时，心理资本四个维度全部进入回归方程，其多元相关系数为0.58，联合解释变异量为34%；当以族际和谐作为结果变量时，有自我效能感、韧性、乐观进入回归方程，其多元相关系数为0.47，联合解释变异量为22%；当以师生和谐作为结果变量时，有希望、韧性进入回归方程，其多元相关系数为0.36，联合解释变异量为13%；当以同学和谐为结果变量时，心理资本四维度全部进入回归方程，其多元相关系数为0.54，联合解释变异量为29%；当以家人和谐作为结果变量时，有自我效能感、韧性和乐观进入回归方程，其多元相关系数为0.4，联合解释变异量为16%。

（二）羞怯、焦虑、孤独与人际和谐的关系

表3-9结果显示：所有变量之间相关均显著。其中社会羞怯与社会焦虑、社交孤独都呈非常显著的正相关（$P<0.001$）；社交焦虑与社交孤独呈非常显著的正相关（$P<0.001$）；社会羞怯、社会焦虑、社会孤独均与人际和谐各维度及总分呈显著的负相关（$P<0.05$）。

表3-9　羞怯、焦虑、孤独与人际和谐各维度的相关矩阵（n=1548）

变量	1	2	3	4	5	6	7
1社交羞怯	1						
2社交焦虑	0.640***	1					
3社交孤独	0.407***	0.340***	1				
4同学和谐	−0.283**	−0.131**	−0.366***	1			
5师生和谐	−0.124**	−0.111**	−0.091**	0.323***	1		
6族际和谐	−0.240**	−0.120**	−0.251**	0.621***	0.263**1		
7家人和谐	−0.176**	−0.050*	−0.307***	0.575***	0.234**	0.530***	1

为进一步了解羞怯、焦虑、孤独与人际和谐之间的关系，采用回归分析方法，逐步探索它们之间的具体关系，具体结果见表3-10。

表3-10　各变量之间的回归分析结果（N=1548）

预测变量	因变量	R	R^2	Stderror of the estimate
羞怯	同学和谐	0.283	0.080	2.462***
	师生和谐	0.124	0.015	2.997***
	族际和谐	0.240	0.058	2.493***
	家人和谐	0.176	0.031	2.784***
焦虑	同学和谐	0.131	0.017	2.545***
	师生和谐	0.111	0.012	3.002***
	族际和谐	0.125	0.015	2.548***
	家人和谐	0.050	0.003	2.825*
同学和谐		0.366	0.134	6.392***
家人和谐		0.091	0.008	6.839***
族际和谐	孤独	0.251	0.063	6.647***
师生和谐		0.307	0.095	6.535***

预测变量	因变量	R	R^2	Stderror of the estimate
孤独	羞怯	0.407	0.165	5.992***
	焦虑	0.340	0.115	5.738***
羞怯	焦虑	0.640	0.410	4.687***

表3-10结果显示：羞怯对人际和谐各维度都有非常显著的预测作用（$P<0.001$）；焦虑对人际和谐各维度都具有显著的预测作用（$P<0.05$）。人际和谐对孤独具有非常显著的预测作用（$P<0.001$）；孤独对羞怯、焦虑都具有非常显著的预测作用（$P<0.001$）；羞怯对焦虑也具有非常显著的预测作用（$P<0.001$）。

三、讨论分析

（一）高职生心理资本与人际和谐的关系分析

研究结果显示，高职生心理资本与人际和谐存在非常显著的正相关，回归分析结果也发现心理资本对人际和谐具有非常显著的正向预测作用，心理资本对人际和谐总分的解释变异量为34%。因此，研究假设得证，个体内在的核心心理要素对外在的社交行为具有显著的影响效果。

人际和谐是个体外在人际交往行为的结果表现，它必然会受到来自个体内在心理要素的影响。比如曾有研究发现自我效能感可以通过影响个体焦虑、羞怯水平来实现对其社交效能感的影响（李彩娜、党健宁、何珊珊，2013年），进而最终影响人际和谐的程度。当个体具有较高社交效能感（自信）时，他就能积极对待社交活动中可能产生的各种困难（如紧张、焦虑和面众恐惧等），并能对其进行积极的归因（乐观心态）。反之，个体就会对社交活动进行消极归因，如认为自己没有能力适应社交情景，不能成功实现社交目标，以致常常半途而废，否定自我，对自身及他人缺乏正确的认识。心理资本是个体在成长和发展过程中表现出来的一种积极心理状态，具体表现为：在面对充满挑战的工作时，有信心（自我效能感）并能付出必要的努力来获得成功；对现在与未来的成功有积极的归因（乐观）；对目标锲而不舍，为取得成功在必要时能调整显示目标的途径（希望）；当身处逆境和困难时，能够持之以恒，迅速复原并超越（韧性），以取得成功（Luthans F，Carolyn M，Bruce J，et al，2008年）。而这四个方面刚好是个体能够实现人际和谐的必要心理品质。因为具有较高自我效能感的个体往往会采用积极的内在归因，他们始终对自己充满信心和希望，会将自己人际交往的成功归结为自身品质和努力的结果。即使在遇到困难时也会首先考虑自身问题，并努力改善，进而不断提高自我，最终实现自我与人际和谐的目标。而自我效能感较低的个体往往会采用消极的外部归因，他们通常会将人际关系的成功和失败都归结为运气和情景这些外部不可控因素（孙晓军、牛更枫、周宗奎等，2014年），这种不良的认知倾向会使个体产生焦虑、抑郁、羞怯、孤独等负面情绪（Anderson C A，1999年）。在现实的人际关系中他们往往会表现出消极被动，存在较高的人际敏感和社交焦虑（范晓玲、伍如昕、刘丽琼等，2007年；姜玉飞、黄恩、邵海燕等，2005年；刘小利、卢国华，2009年），而且外部归因倾向的个体更可能采取消极逃避的应对方式（Iskender M，Akin A，2010年）。因此，人际归因倾向会影响个体的人际交往状况，这种人际外部归因与个体的社交效能、社交焦虑和人际敏感密切相关（范晓玲、伍如昕、刘丽琼等，2007年；姜玉飞、黄恩、邵海燕，2005年；刘小利、卢国华，2009年）。由此可见，社交效能感、人际归因、人际适应以及心理韧性等心理品质对人际和谐具有显著的影响效果，而这些心理品质正是积极心理资本的基本要素。因此，培养自我效能感、希望、乐观和韧性等积极心理品质将有助于提高个体的社交适应水平，进而促进其人际和谐，有利于推动民族深度交往交流交融，增进民族团结，也为新时代高职院校构建民族团结进步教育新模式提供了科学依据。

（二）高职生的羞怯、焦虑、孤独与人际和谐关系分析

相关分析结果显示，社交羞怯、焦虑、孤独与人际和谐都具有显著的相关关系；回归分析结果也显示，社交羞怯、焦虑对人际和谐各维度具有不同程度的负向预测作用；人际和谐对孤独具有非常显著的负向预测作用；社交孤独对社交羞怯、焦虑具有非常显著的正向预测作用；社交羞怯对社交焦虑具有非常显著的正向预测作用，即羞怯不仅直接影响人际和谐，也可以通过焦虑来影响人际和谐。而这一结果和李彩娜等人的研究发现较为一致（李彩娜、党健宁、何珊珊，2013年）。此外，从研究中也发现不仅羞怯和焦虑可以通过人际交往情况来预测孤独，同时孤独也能通过羞怯和焦虑来影响人际交往，即孤独对羞怯也具有预测作用。这是由于个体缺乏社交效能感，对自己没信心，对他人倾向于做出消极评价，使得他们在人际交往中容易产生羞怯和焦虑等负性情绪体验，这些消极的情绪体验又会使他们对社交情景产生回避和人际排斥的行为，而社交回避和人际排斥所导致的直接结果就是人际不和谐，随之产生社交孤独感。这种孤独感反过来又会使个体降低自我效能感、增加消极归因，而较低的自我效能感和较强的消极归因又容易导致个体在人际交往中产生羞怯和焦虑等负性情绪，以致最终影响人际和谐。因此，在学校开展民族团结进步教育的过程中，要着重从帮助学生降低或克服羞怯、焦虑等负性情绪方面入手。有研究表明，较高的自我效能感对调节负性情绪、降低羞怯和焦虑，以及提高自我积极情绪表达的信念都有较为明显的作用（李彩娜、党健宁、何珊珊，2013年）。因此，要想提升高职生的人际和谐水平，促进族际交流，首先得让他们自信起来，只有具备较高自我效能感的人才会更积极、更主动地融入社交情景中去，才会更有人际吸引力。而随着人际和谐程度的不断提升，个体原有的社交孤独感就会逐渐降低，会进一步增加他们参与社交活动的信心，社交羞怯和焦虑自然也会随之降低。由此可见，社交羞怯、焦虑、孤独与人际和谐是互为因果、相互影响的关系。

第三节　高职生人际危机的心理干预

通过观察分析日常的心理咨询、查找辅导记录发现，前来做咨询的学生绝大多数都是因为人际关系问题，而且相关的调查研究也证实了这一现象。特别是随着现代网络技术的不断发展和普及，很多新生代的学生似乎正在逐渐丧失面对面沟通和处理问题的勇气与技巧。比如有些学生遇到看不惯的事情，他们一般不会找当事人面对面沟通，而是把对对方的不满和意见通过网络（如微信朋友圈、QQ群、微博、抖音、快手等）社交平台来发泄，具体表现就是在网上含沙射影地辱骂对方，当对方看到之后就会引起不必要的"冷战"甚至是"热战"。诸如此类的人际危机问题，在针对高职生的日常心理辅导教育过程中十分常见，必须引起应有的重视。美国《心理障碍诊断与统计手册》（*Diagnostic and Statistical Manual of Mental Disorders*）第五版中将人际和谐作为心理障碍的诊断指标，指出当个体与家人、朋友等社会关系出现问题时就可能会导致心理障碍。此外，查阅国内出版的相关心理健康教育书籍，只要涉及心理健康的标准，无一例外将人际和谐作为判断心理健康的标准之一。在日常的学校心理健康教育活动中，人际和谐始终是最重要的内容。因此，它也理当成为民族团结进步教育的重要内容之一。合理及时的心理干预，将会有助于学生尽快走出人际危机的阴霾，体验和谐人际的经历，进而促进心理的健康发展，增进族际间积极的交往交流交融。

所谓心理干预主要是指在心理学理论指导下有计划、按照程序对一定对象的心理活动、个性特征或心理问题施加影响，使之发生朝预期目标变化的过程。它包含的手段主要有心理治疗、心理咨询、健康促进、预防性干预和心理危机干预等。关于人际危机的干预是属于心理健康促进式的干预，主要是针对健康人群的，旨在帮助健康人群建立良好的行为、思想和生活方式，帮助其提升交际能力、改善人际关系，进而促进心理积极健康发展。

一、高职生人际危机的表现

根据日常的教学辅导和研究调查发现，目前高职生的人际危机主要表现为三种类型，即不敢交往、不愿交往和不会交往。

（一）不敢交往

不敢交往主要是指个体由于自身的原因，进而对社交活动存在焦虑、恐惧心理，久而久之不敢主动参与社交活动，最终影响其人际和谐。研究发现，存在这种现象的原因主要有以下两种。

1. 缺乏社交效能感

当个体缺乏社交效能感的时候，他们对自己能够顺利完成社交活动或者实现和谐人际交往没有信心，他们既不相信自己，也很难相信他人。而且，当个体不自信的时候，他们在从事任何事情的时候都会瞻前顾后、畏首畏尾、怀疑自己，进而容易产生自卑、敏感、羞怯、多疑等不利于人际交往的心理。

2. 社交恐惧感明显

很多不敢参与或者不敢主动进行社交活动的高职生都是因为对社交活动存在一种莫名的恐惧感。因为社交活动会使他们产生焦虑、紧张、不舒适等消极体验，特别是与陌生人接触的时候他们会感到非常不自在、不舒服，很想回避此类场景。

（二）不愿交往

不愿交往主要是指个体由于种种原因，不愿意参与社交活动，这其中有个体自身的原因，也有社会环境的因素。根据研究结果，我们归纳了以下五点原因。

1. 痛苦的交往经历

主要是指个体在过去曾经历过某段深受伤害，或者留下心理阴影的人际交往，这种人际危机给个体造成了很深的打击和伤害。比如亲人伤害、恋人背叛、友情破裂等情况，都可能给个体产生不同程度的影响，特别是对人际信任产生影响。

2. 人际信任的缺失

正是由于某些不愉快的交往经历或者成长背景使个体的人际信任严重缺失，一般人际信任的缺失，又会进一步阻碍个体发展和谐的人际关系。因此，当个体很难再去相信"身边人"时，他的人际关系自然会受到影响。

3. 消极的归因模式

当个体缺乏社交效能感，对自己没信心，也容易对他人做出消极评价时，他们在人际交往中容易产生羞怯和焦虑等负性情绪体验，这些消极的情绪体验又会使他们对社交情景产生回避和人际排斥的行为，而社交回避和人际排斥所导致的直接结果就是人际不和谐，并随之产生社交孤独感。这种孤独感反过来又会使个体降低自我效能感，增加消极归因，而较低的自我效能感和较强的消极归因又容易导致个体在人际交往中产生羞怯和焦虑等负性情绪，以致最终影响人际和谐。

4. 难以适应的环境

任何人在新环境中都需要有一个适应过程，只是有些人适应得快，有些人适应得比较慢。有相当部分的大一新生就是由于这个因素而导致人际危机的。部分刚刚进入大学的新生由于难以适应新的生活环境，在生活、学习和人际交往方面都会不同程度地存在困惑。但这个问题对于大多数个体来说，都会随着时间的迁移逐渐消失。

5. 性格严重内向化

当个体的性格严重内向时，他们的兴趣爱好、价值取向、行为方式等都表现出严重的内向化。因此，这类人大多数时候都喜欢安静和独处，很少参与集体活动，在性格上表现得过于内向。

（三）不会交往

以上两类人存在人际危机的原因主要是内在的，而这一类人则主要是受外在因素影响，即由于缺乏社交技巧而导致的人际关系不和谐。结合以往的教学经验及研究，发现在这类学生中存在的最主要问题就是不会交往，具体表现为以自我为中心、缺乏同理心、行事冲动、用语不当等。

二、高职生人际危机的心理干预措施

（一）评估人际危机的类型

对学生进行心理干预的前提是知道他存在的问题，因为只有知道"病因"之后才能"对症下药"。因此，要对高职生人际危机进行心理干预，前提就要先知道他们属于哪一类型的人际危机，即不敢交往、不愿交往和不会交往，以及具体表现在与哪一类型人群的交往中，即家人和谐、同学和谐、师生和谐、族际和谐。只有把个体身上存在的问题搞清楚了，才好对其进行合理有效的心理干预。

（二）实施心理干预

1.心理资本的挖掘与培养

心理资本是个体在成长和发展过程中表现出来的一种积极心理状态，具体表现为：在面对充满挑战性的工作时，有信心（自我效能感）并能付出必要的努力来获得成功；对现在与未来的成功有积极的归因（乐观）；对目标锲而不舍，为取得成功在必要时能调整达到目标的途径（希望）；当身处逆境和困难时，能够持之以恒，迅速复原并超越（韧性），以取得成功。这四个方面刚好是个体能够实现人际和谐的必要心理品质，因为具有较高自我效能感的个体往往会采用积极的内在归因，始终对自己充满信心和希望，会将自己人际交往的成功归结为自身品质和努力的结果。所以，他们在遇到困难时会首先考虑自身问题，并努力改善，进而不断提高自我，最终实现自我与人际和谐的目标，反之亦然。因此，要想提高高职生的人际交往能力，首先要帮助他们挖掘自身的积极心理资本，特别是其中的社交效能感。

2.认知模式的调整与巩固

影响个体人际危机的认知模式主要有消极的归因、不合理的经验认知、自我否定等。比如个体对社交活动进行消极归因，认为自己没有能力适应社交情景，不能成功实现社交目标，就容易半途而废，否定自我，对自身及他人缺乏正确的认识。而且采用消极的外部归因，个体通常会将人际关系的成功和失败都归结为运气和情景这些外部的不可控因素，这种不良的认知倾向会使个体产生焦虑、抑郁、羞怯、孤独等负性情绪。在人际交往中他们往往会表现得消极被动，存在较高的人际敏感和社交焦虑，而且外部归因倾向的个体更可能采取消极逃避的应对方式。此外，对过往的不愉快交往经历存在阴影、认为人际间无信任可言等都属于认知问题。因此，认知模式会影响个体的人际交往状况，这些认知模式与个体的社交效能、社交焦虑和人际敏感密切相关。

3. 社交技巧的传授与实践

有一部分高职生不是没有社交效能感，也不是没有积极参与人际交往的主动性，而是缺乏科学实用的交际技巧。针对这类学生，可以直接教授他们相应的社交技巧，重点是训练他们懂得倾听、有同理心，以及灵活掌握社交技巧知识。最重要的是要让他们将所学实际运用到生活中去，并不断反思和总结。

（三）巩固干预效果

主要是指对已经实施了心理干预的个体进行后续的巩固指导，以帮助他们进一步提高人际和谐程度，体验积极健康的人际交往。具体的做法就是可以通过微信朋友圈、QQ 群等移动媒介定期进行群组讨论，抑或针对不同的个体采用一对一跟踪辅导。如果条件允许，也可以召集存在同类问题的同学一起做团体辅导活动，进而在实践中让大家共同促进。

（四）资料存档

每一阶段的心理干预结束之后，都要将相应的辅导活动资料保留存档，以便为后续的心理健康教育工作提供现实参考。

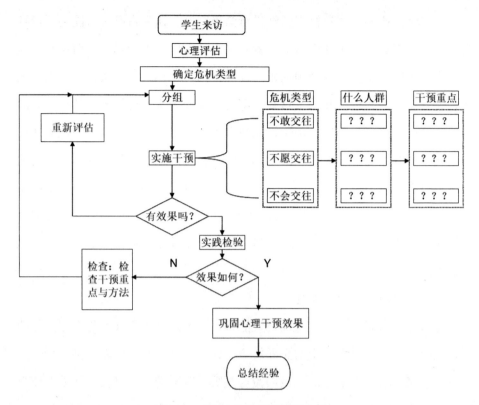

图3-1　人际危机心理干预流程图

第四章

群际接触：促进高职生民族团结的途径探索

以铸牢中华民族共同体意识为主线，促进各民族学生交往交流交融，这是新时代高职院校开展民族团结教育工作的根本遵循和价值导向。只有相互接触与交往，才能增进对彼此的了解，消除误会与偏见。多年的研究与实践，已经证实由奥尔波特（Cordon Willard Allport）提出的群际接触理论是消除群际偏见和促进群际和谐最有效的机制。因此，在探索高职生民族团结教育的过程中，群际接触将是可以尝试的教育路径之一。本章将以奥尔波特的群际接触理论为依据，结合高职生的实际情况，重点探索高职生群际接触的理论结构，编制高职生群际接触评估问卷，考察高职生群际接触现状和影响因素，以便为促进高职生民族团结教育提供可行性参考。

第一节　文献综述

一、研究背景

党的十八大以来，习近平总书记多次强调要加强各民族间的交往交流交融，促进民族团结，铸牢中华民族共同体意识。2014年9月，习近平总书记在中央民族工作会议上强调："加强中华民族大团结，长远和根本的是增强文化认同，建设各民族共有精神家园，积极培养中华民族共同体意识。"2015年8月，习近平总书记在中央第六次西藏工作座谈会上提出："要大力培育中华民族共同体意识，广泛开展民族团结进步宣传教育和创建活动。"2017年10月，十九大报告中提出："要深化民族团结进步教育，铸牢中华民族共同体意识，加强各民族交往交流交融，促进各民族像石榴籽一样紧紧抱在一起，共同团结奋斗、共同繁荣发展。"2019年9月，在全国民族团结进步表彰大会上，习近平总书记强调："实现中华民族伟大复兴的中国梦，就要以铸牢中华民族共同体意识为主线做好各项工作，把民族团结进步事业作为基础性事业抓紧抓好。"习近平总书记多次就关于加强中华民族交往交流交融作出重要指示，这些指示精神已成为新时代加强民族团结进步教育的指导性精神，是民族工作理念和工作部署转型的重要标志，也是新时代民族团结进步教育的重要内容。党中央将加强各民族交往交流交融作为促进民族和谐、铸牢中华民族共同体意识的基本路径，力图通过加强民族间交往交流交融来消除偏见与隔阂，以铸牢民族团结和提升中华民族共同体意识的社会基础。但目前有关族际交流对民族关系问题的重要性，国内学界的研究还不够深入，理论体系和实证支撑双重欠缺，即使有一些零星的研究，也缺乏整理归纳和比较分析，族际接触影响民族关系的相关研究呈现碎片化（郝亚明，2015年）。

与此同时，近年来各大学校园内人际矛盾事件频发，有研究认为这主要是各种误会和偏见导致人际关系处理不当造成的。2015年3月，《中国青年报》曾对1355名大学生进行调查：70.5%的受访学生曾为寝室矛盾而感到烦恼，67.6%的受访学生曾想调换寝室。导致寝室矛盾的主要原因有生活习惯不同、室友间缺乏有效沟通、性格不合等。其中室友间缺乏沟通占39.0%、性格不合占36.0%、竞争关系明显占22.8%、家庭背景不同占22.6%等。对于应该如何划分寝室的问题，38.0%的受访者希望按生活习惯划分、35.9%的受访者希望按专业划分、32.6%的受访者希望按年级划分、31.1%的受访者希望按兴趣爱好划分、15.2%的受访者希望按学习成绩划分、13.9%的受访者希望按地域划分、8.1%的受访者希望按出生日期划分，还有8.2%的学生选择随机分配。一项针对16所高校2353名学生的研究发现，生活习惯差异、性格不合、误解、价值定位不同、认知冲突、兴趣爱好不一致等是引起校园群际冲突的主要因素，且宿舍小团体对宿舍人际关系影响较大（付春新、李清贤，2013年）。人民网的调查显示：在室友关系上，非农民与农民工家庭新生（26%）和独生子女家庭新生（27%）的问题明显；非农民与农民工家庭子女和独生子女往往缺少与同辈"住同一屋檐下"的经历，交往中更可能因为各种偏见，以及缺乏宽容和理解而与室友相处困难。可见，目前我国新生代大学生的校园人际关系不容乐观，其中缘由值得深思和探索，他们更需要科学的教育和引导。青年大学生是国家和民族的希望，他们承载着中华民族交流交往交融，实现民族大团结和伟大中国梦的历史使命。因此，在党中央大力倡导"铸牢中华民族共同体意识"的背景下，加强大学生群体的民族团结进步教育，探索建构新的、符合新时代现实需求的理论体系和教育实践方式显得十分必要，特别是在少数民族地区高职院校开展相关研究，探索建构民族地区高职院校加强民族团结进步教育的理论体系和实践经验，对促进学生族群间的交往交流交融、加强民族团结和铸牢中华民族共同体意识都具有十分重要的理论和现实意义。本研究拟在此背景下对民族地区的高职生群体进行研究，旨在为促进民族地区高职院校开展民族团结进步教育和铸牢高职生中华民族共同体意识提供理论和教育实践参考。

二、国外相关研究概述

（一）群际接触理论简要概述

群际接触理论产生于第二次世界大战后的美国，战后美国一跃成为世界第一强国，但历史遗留下来的种族问题，特别是种族隔离制度，加剧了美国社会的分裂，而刚刚过去的世界大战迫使美国精英阶层意识到必须实现国家团结，否则就会面临分裂和被征服的下场。基于这样的社会历史背景，一大批学者开始专注于群际交往的研究，如威廉姆斯（Williams R.）、史密斯（Smith F T）等人都作出了卓越的贡献。而社会心理学家奥尔波特是这方面研究的集大成者，他在前人的研究基础上，于1954年出版了《偏见的本质》（*The Nature of Prejudice*）一书，该书的出版被视为群际接触理论诞生的标志（郝亚明，2015年）。奥尔波特的卓越贡献在于他为群际接触假说提出了四项最优条件：平等地位、共同目标、合作共赢与权威支持。最优条件的提出打破了人们对群际接触和群际关系之间的单线性认知，它将人们的目光吸引到接触条件和接触情境中去，而不仅仅局限于接触本身（何雪琴，2020年）。奥尔波特一直强调积极接触（满足最优条件）才可能减少群际偏见，他提出了一个基本假设：群际偏见源于一个群体对其他群体缺乏正确认识，所持有的信息是错误或片面的，而接触刚好可以获得新的正确信息，为澄清误解和消除偏见提供了机会，且这种接触是在满足最优条件下进行的。因此，群际接触假说的理论因果关系应该是：有效的接触可以减少和消除群际偏见，即族群之间因为缺乏足够的接触和了解，才会导致偏见的出现。因此，群际接触是为了解决偏见而提出的，"接触可以减少偏见"是群际接触理论的核心与研究主旨，且主要围绕有效群际接触建立的条件、不同群际接触方式和群际接触减少偏见的作用机制这三个维度来开展，而这三个维度也成了该理论的核心——"接触可以减少偏见"的保护带（姜术容，2015年）。

群际接触理论以其独特的理论地位和广泛的应用前景吸引了大批优秀学者对其进行研究，这使得该理论体系得到了不断完善和发展。但由于自身所存在的缺陷和现实的复杂性，群际接触理论也面临诸多的质疑和挑战，主要表现在以下四个方面。

1.关于理论假设因果顺序的质疑。奥尔波特认为积极接触可以减少偏见，进而达到改善群际关系的目的。因此，群际接触理论所主张的因果逻辑关系是：存在偏见与误解—进行积极接触—误解与偏见消除或减少。但有人对此因果逻辑关系提出了质疑，质疑者认为相反的因果逻辑关系也能成立。因为对外群体持有较高偏见或低交往意愿的个体确实不太容易与外群体进行接触。对此，托马斯·佩蒂格鲁（Thomas F. Pettigrew）提出了三条解决方案（郝亚明，2015年）：一是严格限制自我选择的群际接触场景；二是利用高级统计学的统计方法分析变量之间的因果路径；三是采用纵向研究的方式，延长研究时间，从不同时间段考察被试的接触意愿变化。人们对此存在质疑的一个主要原因是如何界定原初偏见与误解，这种偏见与误解何来？在没有任何接触与了解的群体之间，理论上所持有彼此的信息应该为零，没有接触就不了解，就不会有偏见存在，偏见与误解的存在应该是以接触（间接接触亦可）为前提的。所以质疑者认为原初的偏见与误解正是源于不愉快的接触，这种因果顺序还需继续探讨，或者必须控制相应的调节变量才能实现。

2. 关于理论立论点的质疑。群际接触理论产生的原初动力就是为了解决群际偏见与冲突的。因此，群际接触理论最原初的理论假设是群际冲突源于误解（错误的信息）与偏见（如认知上的刻板印象、情感上的焦虑与共情、行为上的歧视等），通过积极有效的接触可以增进彼此的了解，进而达到改善群际关系的目的。积极接触之所以能够减少偏见，主要是因为接触能够使交往双方在认知和情感上产生改变，因为随着交往的深入，对彼此的了解就会加深，原来持有的一些不合理的刻板印象也会消除，交往双方会在此基础上寻找彼此的共同点和相似性，进而不断减弱接触的焦虑情绪、增强交往意愿。但反对者认为，接触也有可能加深刻板印象和焦虑情绪，进而增加对彼此的偏见与歧视，最后产生更严重的行为冲突。因为对于那些存在高度差异性的群体来说，简单的"在一起"确实很难寻找相似性和共同点。比如斯蒂芬（Stephan W G）对美国学校"去种族隔离"的研究发现：只有13%的白人学生报告对黑人学生的印象有所改变，34%的白人学生表示没有改变，53%的白人学生表示对黑人学生的印象比以前更糟糕（Stephan W G，2011年）。这也是群际接触理论早期所面临的主要质疑之一，原因在于群际接触理论对自身理论的应用边界还没有一个清晰的界定，但随着奥尔波特提出群际接触的四大最优条件之后，这种质疑得到了很好的回应。

3. 关于两个不对称的问题。这主要表现为接触对象和接触效果两个方面。如何促使两个不同群体之间开展积极接触？奥尔波特提出了"地位平等"的接触条件，他认为只有在双方处于平等地位的时候才能更好地进行接触。但质疑者认为这是一种理想化的状态，在现实生活中很难做到交往双方的地位"绝对平等"，因为不同族群之间确实会存在各种差异和不平等的现象。另一个是积极接触和消极接触效应不对称的问题。大量研究结果已经证实，积极接触确实可以有效降低群际偏见、减少误解、改善群际关系。但也有研究发现消极接触会导致交往双方的关系更糟糕，而且这种效果要显著大于积极接触效果（Fiona Kate Barlow，Stefania Paolin，et al，2012年）。可见，如果是脱离最优接触条件的盲目接触，不但达不到降低偏见、改善群际关系的目的，可能还会导致更严重的群际冲突。因此，在使用群际接触理论的时候，一定要注意规避或减少消极影响因素，创造积极的最优接触条件。

4. 关于最优条件的质疑。奥尔波特提出群际接触的最优条件之后，使得群际接触理论的适用边界得以明确，也回应了大量的质疑。奥尔波特认为积极的群际接触只有在满足"最优条件"情况下才能达到消除偏见、改善群际关系的目的。反之，则会产生消极的接触效果。但随着对该理论的深入研究和实践应用，人们逐渐发现，在实际应用过程中，奥尔波特的"最优条件"也会受到限制和挑战，其中最显著的挑战就是"竞争关系"。在现实生活中，不同族群之间往往会存在各种竞争关系，因为社会资源是有限的，不同族群之间需要去竞争仅有的生存资源，这就必然会出现竞争，而偏见和矛盾也会随之产生。因此，在两个存在严重竞争关系的族群之间倡导"最优条件"，其作用似乎显得很微妙，难以真正发挥其理论预期效果。在竞争过程中，族群地位与资源、权力等的分配密切相连，也是服务与竞争的有效工具之一，因此在接触过程中想要保持双方地位平等将会很困难（关凯，2012年）。而在无法确保双方地位平等的情况下，社会权威以外力推动存在竞争关系的群际接触，结果往往适得其反。因此，在存在竞争关系的族群之间强行推动群际接触，需要保持谨慎的态度，因为无法确保奥尔波特所倡导的"地位平等、共同目标与合作依存"等接触条件。这就是"最优条件"所面临的质疑，极大地挑战了群际接触理论在调节群际关系中的预期效果。

尽管群际接触理论自诞生以来受到了诸多的质疑，但经过70余年的发展，它以杰出的理论架构和应用价值而备受关注，现已被公认为是解决群际偏见与冲突最有效、最经典的理论之一。

（二）群际接触理论的最优条件

奥尔波特强调积极群际接触必须满足以下四个最优条件：一是地位平等，即不同族群之间在接触的情境中应该保持平等的群体地位；二是共同目标，即接触的双方都具有通过积极努力而实现的特定目标；三是群际合作（依存），即接触双方在交往过程中不存在竞争关系，是具有共同利益的命运共同体；四是权威和制度支持，指的是在促成族群交往过程中的外在力量，比如政府、法律制度、社会习俗、道德规范等对群际接触给予的直接或间接支持。因此，奥尔波特认为只有在这四个最优条件得到满足的情况下，才能保证群际接触产生积极效果。他曾经鲜明地指出，接触本身并不是减少偏见和改善群际关系的有效工具。因为仅仅从接触视角来看，其效果可分为积极和消极两种，在不满足"最优条件"情境下的群际接触就可能会导致焦虑、恐惧、误解、骚乱甚至冲突（Baker P. E，1934年）。可见，接触减少偏见、改善群际关系的作用必须依赖于有力的附加条件，而不仅仅归功于接触本身。

由此可见，奥尔波特作为群际接触理论的集大成者，他最大的贡献不在于提出了群际接触理论假设，以及对群际接触与群际关系的准确概括，而在于他创造性地提出了群际接触的"最优条件"。"最优条件"的提出，使得群际接触理论回应了长期面临的质疑和争论，它让人们明白了能减少偏见和改善群际关系的并不是接触本身，而是提供积极接触的"最优条件"。同时，"最优条件"的提出，也扩展了人们的理论视野，深化了人们对群际接触理论内涵及外延的认识，使得人们将关注点从原来的"接触本身"转变为"接触条件或情境"，也正是奥尔波特这种创新，使得群际接触从一个理论假说进化为严密的理论体系（郝亚明，2015年）。

奥尔波特在提出群际接触理论时，就明确将"最优条件"作为积极接触效果的先决条件，他的这一主张，在后续的很多研究中得到了证实。后续大量的研究结果都证明群际接触可以有效降低偏见和改善群际关系，但前提是必须严格遵循奥尔波特所提出的"最优条件"。当然也有例外，比如佩蒂格鲁通过分析就发现，满足"最优条件"的研究中群际接触与群际偏见的相关系数均值为 –0.287，而不满足"最优条件"的研究中群际接触与群际偏见的相关系数均值为 –0.204（Pettigrew T F，Tropp L R，2006 年）。可见，在不满足"最优条件"的情况下，群际接触依然可以促进群际关系的改善，但在满足"最优条件"下更能够促进群际接触产生积极效果。因此，奥尔波特"最优条件"论给我们的启示应该是如何为群际接触创建良好的条件和情境。当前，我国正处于努力实现"两个一百年"奋斗目标和伟大中国梦的冲刺阶段，需要在以习近平同志为核心的党中央领导下团结各族人民、各阶层、各团体的广大力量，为共同的民族复兴梦砥砺前行。习近平总书记高瞻远瞩，曾多次提出"铸牢中华民族共同体意识"，其初心就是凝聚共识、积蓄力量，以便为中华民族的繁荣复兴提供强大的精神动力。因此，今天当我们再次思考奥尔波特的群际接触理论时，应该更加专注于对接触条件的理解与思考，思考如何为积极的民族交往交流交融创建"最优条件"、如何增强和引导青年学生的民族团结进步教育，以期达到"铸牢中华民族共同体意识"的目的。而这才应该是群际接触理论被赋予的新时代本土化使命和意义所在。

（三）群际接触减少偏见的作用机制

关于群际接触减少偏见作用机制的探讨，一直是群际接触理论研究的重要维度和热点，因为这是检验群际接触效应最有效的路径，也是群际接触理论的实践意义所在。奥尔波特认为积极接触可以减少偏见和改善群际关系，并提出了著名的四大"最优条件"，但关于群际接触具体是如何减少偏见的，其中的作用机制是什么样的，在群际接触理论发展的早期阶段并没有系统的回答。但随着研究的不断深入，这个问题得到了较好的回答，概括起来主要有两种理论取向，分别是认知取向阶段和情绪取向阶段。

认知取向研究者认为接触增进了群体之间的相互了解，它属于群际接触减少偏见作用机制的早期研究取向。比如，奥尔波特就曾提出群际偏见主要是源于"无知"，它遵循的因果关系链应该是：偏见源于无知（不了解）—接触（产生新的了解）—减少偏见（改变原有认知）。因此，有学者就提出群际接触理论的核心应该是"过失无知"（陈晶、佐斌，2004年）。认知取向研究者认为偏见是由于对他群体缺乏足够、正确和全面的了解，而接触刚好可以为族群之间加深了解、改变刻板认知提供机会。随着彼此之间接触次数的增多，了解随之增加，相互之间就会变得更熟悉，而熟悉就会产生好感，进而最终达到降低偏见和改善群际关系的目的。这是群际接触减少偏见作用机制的早期研究取向和理论主张，都将"认知"视作接触减少偏见的中介变量。比如大卫·迪奥（2003年）等人就将群际接触的作用机制详细划分为三个阶段：一是随着了解增加，人们会以更加个性化的方式去认知外群体，从而建立新的认知和群际关联；二是了解增加到一定程度之后，会降低交往过程的不确定性，能够让交往更自然和关系更牢固；三是进一步获取他群体的历史文化、风俗习惯等深层次信息，进而强化跨文化理解能力。后续的大量研究也证实，群际接触能够有效增加对外群体的再认知，从而减少刻板印象（Brambilla M，Ravenna M，Hewstone M，2012年；Stathi S，Tsantila K，Crisp R J，2012年）、减弱对内群体的认同感（Pereira A，Green E G T，Visintin E P，2017年），使得个体感知到内群体与外群体有更多的相似性（Ng Y L，Kulik C T，Bordia P，2016年；Stathi S，Cameron L，Hartley B，Bradford S，2014年），进而达到减少偏见和改善群际关系的目的。

在早期认知取向研究的基础上，后续的研究者逐渐发现，接触减少偏见的中介变量除了认知变量以外，情绪变量的作用也显著，其中最重要的情绪是群际焦虑。群际焦虑是一种在接触过程中普遍存在的负性情绪体验，它主要在个体感受到威胁或有不确定感时出现，还会引发一系列的消极影响，比如降低交往意愿、深化消极刻板印象、影响群际信任等，会对群际接触效果产生巨大影响。情绪取向逐渐被研究者们所认同，并认为积极接触可以降低对外群体的负性情绪体验、增强交往的意愿。有学者发现，群际焦虑在初次接触和地位不平等时更容易出现，而且即使两个不存在任何偏见和竞争关系的群体，在初次接触时也会出现群际焦虑（Stephan W G，2011）。可见，群际焦虑普遍存在于群际接触过程中，并对群际接触具有不容忽视的破坏力。但是，当人们在成功体验一次接触之后，群际焦虑就会大幅度降低，进而增强继续交往的意愿。比如有研究发现，与那些缺乏群际接触的白人相比，有过跨种族接触或跨群体友谊体验的白人在群际交往中表现更自然、更轻松，较少出现心理紧张和焦虑的体验（郝亚明，2015年）。此外，与群际焦虑不同的是，共情作为一种积极情绪在群际接触中也具有重要的影响。随着接触频率的不断增加、了解的不断深入，不同族群之间就有可能产生共情现象，即能够站在他群体的视角看待问题、更能够对他群体感同身受。因此，大量的研究发现，接触不仅可以降低群际焦虑，还可以增加与他群体的共情（Aberson C L，Shoemaker C，Tomolillo C，2004年）和观点采择能力（Wang C S，Kenneth T，Ku G L，Galinsky A D，2014年），以及减少个人威胁和群际威胁等（Pettigrew T F，Tropp L R，Wagner U，Christ O，2011年）。

总之，群际接触减少偏见的作用机制是一个包含认知和情绪等诸多要素相结合的变化过程。对于这个问题的研究，目前主要是基于西方文化背景所得的结果，在国内，还缺乏全面系统的实证研究检验，尚需完善本土化的理论建构和实证数据支撑。

三、国内相关研究概述

群际接触理论在国内的发展起步较晚，至今才有20余年的时间，本土化的理论建构和实证检验都尚需完善。我国广阔的地域、庞大的人口、众多的民族，以及大数量、高频率的人口流动和频繁的民族交往交流交融为群际接触实践研究提供了肥沃的土壤。特别是党的十八大以来，在以习近平同志为核心的党中央提出"铸牢中华民族共同体意识"的背景下，群际接触理论作为减少偏见和改善族群关系的经典理论之一，逐渐被国内学者所重视。笔者在中国知网期刊数据库以"群际接触"作为篇名和关键词进行中文搜索，分别获得直接相关文献77篇、间接相关文献57篇，时间起止为2001年1月30日至2020年5月25日。通过对国内相关文献的梳理发现，群际接触理论在国内的研究与实践大致可分为两个阶段。

　　第一阶段为2000—2010年。该阶段主要是引进和介绍西方群际接触理论，重点突出对群际接触理论基本原理以及对中国族群交往经验启示的探讨。最早在中国介绍接触理论的是王亚鹏，他于2001年发表了《接触假说研究的新进展及其接触在减少偏见中的作用》一文，并提出了"接触对减少群体偏见的可能性和条件依赖性"，认为共同的内群体认同可以减少群体偏见，但共同内群体认同的形成并不是一件简单的事情（王亚鹏，2001年）。此后，陆续有学者把西方的群际接触理论介绍到国内。其中陈晶与佐斌、李颖、李森森与李红等人的研究较为全面，具有代表性。陈晶、佐斌于2004年在《心理学探新杂志》上发表了《群际接触理论介评》一文，并在文中提出群际接触理论的核心是"过失无知"（陈晶、佐斌，2004年）。可见，两位学者基本认同了群际接触理论早期的认知研究取向，即偏见是由于群际间缺乏正确、客观和全面的认识，而接触刚好可以为族群之间的"再认识"提供机会。此外，两位学者还在文中详细介绍了群际接触的基本假说、最优条件、理论质疑以及佩蒂格鲁的群际接触理论模型。李颖于2008年发表了《群际接触理论介绍及其发展》一文，重点介绍了群际接触的不同类型以及对群际接触的质疑（李颖，2008年）。李森森和李红等人于2010年在《心理科学进展杂志》上发表了《群际接触理论———一种改善群际关系的理论》一文，该文不仅介绍了群际接触理论的基本原理，还详细介绍了群际接触减少偏见的作用机制，并对群际接触本土化研究提出了展望（李森森、龙长权、陈庆飞、李红，2010年）。可见，该阶段的研究以理论探讨居多，研究成果不多、范围比较狭窄、应用不够广泛。但同时，经过数十年对群际接触理论概念、原理和应用价值的介绍与讨论，群际接触本土化研究雏形已逐渐形成，并为后续相关研究提供了良好的基础。

　　第二阶段是2010—2020年。进入2010年之后，国内学者开始尝试群际接触理论的本土化实践探索，在群际接触减少偏见的作用机制、改善群际关系的有利条件、群际接触方式和类型拓展等方面进行了富有成效的研究，并逐渐成为民族学、心理学和政治学等学科中新的学术增长点。查询中国知网数据库可知，2013年以后，对群际接触的研究成果不断涌现（见图4-1）。总的来看，这一时期的研究可分为纵向理论探讨和横向实证比较研究两种。

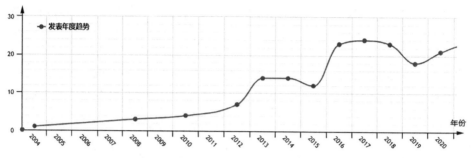

图4-1　2004—2020年以"群际接触"为题的研究成果量

基于理论探讨的质性研究，主要对群际接触理论中国化进行探索，旨在对传统群际接触理论进行反思、补充和完善。比如有研究者介绍了替代性"语言模型"，这种替代性模型能够解释为什么接触可以同时改善和恶化群际关系，并认为接触会在不同层面发挥不同的效应，比如在个人层面，群际接触可以改善群际关系，但在群体层面，就有可能会激发人们保留各自的内群体认同与群际焦虑，从而避免在与外群体交流中被同化的风险与威胁（岳小国，2012年）。此外，也有学者对群际接触类型的拓展进行了介绍与讨论，比如对想象接触的概念原理、心理机制、接触效应和影响因素等的研究（李艳敏，2012年；于海涛、杨金花、张雁军、金盛华，2013年；高承海、杨阳、董彦彦、万明钢，2014年）。郝亚明于2015年在《民族研究》上发表的《西方群际接触理论研究及启示》一文系统阐释了西方群际接触理论的基本原理、最优条件、作用机制、理论困境以及对我国处理民族关系的思考等，是目前比较全面系统的一篇文献。此后，也有相关学者持续介绍国外最新研究动态（刘阳，2016年；艾娟，2016年；刘峰、左斌，2018年；何雪琴，2020年），不断为群际接触理论本土化发展与应用提供借鉴和参考。

基于实证比较的量化研究，主要聚焦于群际接触理论对中国现实实践的意义探索，具体围绕中国族群关系发展及现实政治需求的一些问题展开研究，并形成了一系列的研究成果（姜术容，2015年）。比如早期有王晓玲（2012

年）民族院校与非民族院校学生跨文化敏感的实证研究，高承海等人（2014年）对民族接触促进民族互动的心理机制的研究，刘阳等人（2014年）对群际接触影响面孔识别进行研究，结果发现维吾尔族大学生与汉族低接触者本族效应显著，高接触者未出现本族效应，接触量与个性化经验都与本族效应的幅度显著负相关，且相对优势分析表明个性化经验比接触量更能影响本族效应。此外，还有其他学者将少数民族大学生（史佳鑫、刘力、张笑笑，2014年）和新生代农民工（柴民权、管健，2015年）作为研究对象，重点探讨身份认同对群际接触的影响，并认为强化共同身份的认同更有利于群际接触的产生和改善群际关系。而对于群际接触减少偏见的机制问题的实证研究，目前以高承海和万明钢（2018年）的研究最具代表性，他们从实证的角度考察了民族认同、消极刻板印象、民族本质论、群际焦虑等中介变量对群际接触影响交往态度的作用机制，结果发现群际接触通过降低群际焦虑、减弱消极刻板印象和民族本质论而间接促进民族交往。应该说，高承海和万明钢的研究整合了过去群际接触减少偏见机制的两种研究取向，即认知取向和情绪取向，并建立和验证了中介变量影响模型，这为后续研究提供了很好的思路借鉴。

综上可见，经过20余年的发展，群际接触理论在理论和实践层面都得到了很好的发展，并为我国诸多现实社会问题的解决以及铸牢中华民族共同体意识提供了很好的理论参考。因此，继续加强和完善群际接触理论本土化研究，具有重要的社会意义和时代价值。

第二节　研究设计

一、提出问题

通过梳理文献可知，目前国内的群际接触理论及其应用研究主要存在以下几点不足：一是关于群际接触减少偏见作用机制的实证研究较少。二是已有研究缺乏整合性，基于情绪和认知取向的整合研究较少。三是对群际接触方式及类型的拓展研究不够，缺少对群际接触中直接接触和间接接触的整合性研究。四是缺少本土化的群际接触测评工具。基于以上分析和已有研究存在的不足，本研究拟对高职生进行研究，重点探索群际接触的理论结构、开发群际接触测量工具，考察高职生群际接触情况及其对偏见的作用机制，并根据研究结果提出相应的心理教育策略。以期能够为我国新时代高职院校民族团结进步教育和铸牢中华民族共同体意识提供心理学理论依据。

二、研究内容

结合文献研究结果和社会现实问题，本研究拟对以下三个方面的内容进行研究：

研究1：开发整合多种接触方式和类型的群际接触测评工具；

研究2：建构群际接触减少偏见、促进和谐的作用机制模型，重点考察认知变量和情绪变量作为群际接触和群际偏见的中介效应；

研究3：提出促进群际和谐、民族团结进步教育的建议。

三、研究思路和框架

（一）研究对象

本研究的对象主要是贵州省民族地区的高职在校学生，分4次完成调研，有效被试的情况见表4-1。

表4-1 四次调研被试的基本情况

施测被试	性别		年级			民族					总数
	男	女	1	2	3	汉	苗	布衣	侗	其他	
个案访谈被试	18	18	10	15	11	11	12	8	4	1	36
问卷编制初测	70	247	237	60	20	108	123	7	47	32	317

续表

施测被试	性别		年级			民族					总数
	男	女	1	2	3	汉	苗	布衣	侗	其他	
问卷编制复测	100	252	221	93	38	114	127	18	60	33	352
正式调研被试	627	1329	1398	354	204	1093	357	68	167	271	1956

（二）研究思路

研究思路主要有三点：研究坚持系统、客观和逻辑性的标准；秉持理论研究与实证研究相结合；采用定性研究和定量研究互补的原则，对群际接触减少偏见作用机制的相关问题展开综合性、多维度的研究，力求在吸收国内外已有研究成果的基础上，拓展对群际接触理论和实证研究的广度和深度，深化本土化群际接触理论结构及其对偏见影响机制模型的认识。

（三）研究方法与框架

具体使用的研究方法有以下几种：

一是文献研究法。利用学术文献数据库，查阅和借鉴前人研究成果。通过整理和归纳，为界定核心概念、群际接触的理论构想提供理论支撑和借鉴。

二是个案访谈法。结合文献研究所得结果，拟定结构化个案访谈提纲，进一步验证和完善文献研究结果，初步界定核心概念、群际接触理论结构，为群际接触测量工具的编制搜集素材。

三是问卷调查法。为验证群际接触理论结构收集数据，使用 SPSS、Amos 统计软件做探索和验证性因素分析，并最终确定群际接触结构模型、信度和效度等。然后再用开发的群际接触量表及其他相关心理量表对群际接触减少偏见的作用机制进行测评，以探索群际接触对偏见的作用机制模型。

四是综合归纳法。对研究资料进行综合归纳，系统分析，构建群际接触减少偏见的作用机制模型，并提出相应的心理健康教育对策。

本研究的基本研究框架主要由三个部分组成，包括群际接触的文献研究、群际接触测量工具的编制（含个案访谈和问卷调查）、群际接触减少偏见作用机制的实证调查与讨论。个案访谈被试主要来自黔东南、黔西南和黔南，问卷调查的被试来自全省9个地州市，被试人数合计2661人。

四、研究意义

（一）理论意义

本研究不仅可以充实和拓展高职生心理健康教育的理论视野，为新时代高职生的思想政治教育和心理健康教育提供全面、系统的理论依据，也对补充和完善群际接触理论体系具有重要意义。

（二）实践意义

研究结果不仅对建构和谐校园人际关系具有指导意义，也能推广到其他领域，如改善地域偏见、阶层偏见、民族偏见以及弱势群体的偏见，能够对社会预警提供更具体的指导性意见，对促进我国多民族、跨地域以及不同群体间的接触融合发挥指导作用。

第三节　群际接触的理论构想及量表编制

一、群际接触结构的理论建构

群际接触理论认为偏见是由于对他群体及其成员存在错误认知导致的，而接触能够有效降低偏见，改善群际关系。因此，它的基本假说应该是："偏见源于无知，接触降低偏见和改善关系"，其理论核心应该是"接触减少偏见"。从奥尔波特提出群际接触假说至今，它已被众多研究和实践证明是减少偏见和改善群际关系最有效的策略之一，尤其是在满足四项"最优条件"的情况下，可发挥积极的促进效果。在群际接触理论发展的早期阶段，大家关注的主要是直接接触，即面对面的接触，但面对面的接触在现实社会中存在很大的局限性，受到很多条件的影响和限制，这也是奥尔波特当初提出四项"最优条件"的原因所在。直接接触对现实环境和条件的要求比较高，在不满足"最优条件"的情况下进行接触，不仅不能改善群际关系，还有可能进一步恶化关系、加深偏见，这也是群际接触理论受到质疑的主要原因。因此，有学者开始尝试提出间接接触，即非面对面的群际互动与交流。目前主要有想象接触、拓展接触和媒介接触三种类型。

想象接触是由特纳等人（2007年）提出的，即个体在心里想象在某个情境中与他群体成员进行互动，能够达到改善群际态度和行为的目的。想象接触最初是以特殊群体为研究对象的，比如老年人和同性恋群体，之后逐渐扩展到其他群体，其接触效应在实践中得到了较好的验证（Turner R N，West K，2012年；Vezzali L，Stathi S，Giovannini D，2012年）。比如，有研究者通过实验的方法，证明想象强壮与柔弱能够改变人们对性别的刻板印象（Blair，I V，Ma J E，Lenton A P，2001年），想象拥挤状态能够减少助人意愿和行为（Garcia S M，Weaver K，Moskowitz G B，Darley J M，2002年）。可见，无论是想象人物特征还是情境特点都能够对人们的知觉、态度和归因等产生影响（辛素飞、明朗、辛自强，2013年）。想象接触虽然能够实现缩短与外群体成员的心理距离，改善对外群体的态度，增进信任感，但它的局限性是对态度的改变不持续、不稳定，容易发生变化（Turner R N，Crisp R J，2010年；Turner R N，West K，2012年）。

首次提出拓展接触概念的是莱特等人（1997年），他们认为个体在知道本群体成员与外群体成员之间存在关联或友谊关系时，个体对外群体及其成员的态度也可以得到改善（Turner R N，Tam T，Hewstone M，Kenworthy J，Cairns E，2013年）。这主要是由于积极内群体榜样、积极外群体榜样和将他人纳入自我的三种内在机制在起作用。积极内群体榜样可以产生三个方面的效果：一是可以让个体认识到与外群体接触是被允许的；二是观察内群体成员与外群体成员的互动，能够降低个体的群际焦虑；三是可以从内群体成员那里获知外群体信息，加强认识和降低偏见，为正式接触做"预热"。而与外群体成员建立友谊关系，对外群体成员也同样具有积极的榜样作用，这种跨群体友谊能够使外群体成员对建立群际关系感兴趣，并改变固有的刻板印象、降低偏见。比如莱特等人（1997年）的研究就发现，相对于那些没有外群体朋友的人，至少有一位外群体朋友的个体对外群体成员的偏见水平要低得多。最后，这种跨群体友谊的存在，会使得个体将其内群体成员的朋友（外群体成员）视作与自己有关联的人，即朋友的朋友就是我的朋友，进而将外群体成员纳入个体的"自己人"范畴。

随着人类科学技术的不断发展，群际接触模式也在推陈出新，人们借助各种媒介同样可以实现传统交流的效果。有研究者将这种通过一定媒介实现的接触称为替代接触（Vezzali L，Stathi S，Giovannini D，2012年）、准社会接触（Schiappa E，Gregg P B，Hewes D E，2005年；Schiappa E，Gregg P B，Hewes D E，2006年）或媒介接触（Harwood J，Vincze L，2012年；Park S-Y，2012年）。特别是当前非常流行的"抖音"和"微信朋友圈"等借助互联网科技实现的交流互动，已经逐渐成为人们跨群体接触的主要方式，甚至成为内群体沟通的重要途径。有研究就发现，网络接触可以有效降低群际偏见，促进跨群体友谊的建立（Austin R，Abbot L，Mulkeen A，Metcalfe N，2003年）。可见，这种媒介接触在一定程度上可以作为面对面直接接触的补充，且对降低群际焦虑、群际偏见和改善群际关系具有重要的效应。

在对群际接触理论的基本假说、理论核心以及接触类型进行分析的基础上，本研究将群际接触概念界定为：个体与外群体及其成员在特定情景或媒介中由于直接互动和间接互动而产生情感体验、认知和态度改变的过程。此外，通过梳理文献发现，目前对于群际接触测量工具的研究主要还存在以下两点不足：一是现有测量工具几乎都是国外的，本土化的研究成果还较少，目前国内仅见史佳鑫（2014年）修订 Islam 等人编制的群际接触量表和黄飞（2018年）等人编制的多维族际接触量表；二是在已有的测量工具中，对多种接触类型的融合与考证较少。基于此，本研究拟从直接接触与间接接触的整合视角出发，建构群际接触的理论构想，旨在从多维的角度对群际接触进行测量。详细理论构想见图4-2。

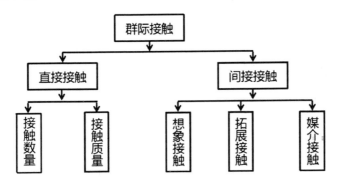

图4-2 群际接触理论构想图

二、方法与过程

（一）项目编写

首先，根据国内外关于群际接触研究的相关文献资料，界定群际接触的操作性概念。其次，根据操作性概念提出群际接触问卷的理论构想，编写了30个初测项目。最后，将项目内容分别发给5位同行专家和5位心理学研究生阅读，再根据大家的建议修改问卷内容。问卷采用李克特自评式5点量表法（Likert Scale），从"非常不符合"到"非常符合"分别记1分到5分。

（二）问卷施测

问卷项目编写完毕之后利用"问卷星"和"微信"等第三方平台实施初测，最后收回317份有效数据，利用所得数据进行项目分析和探索性因素分析，探索性因素分析之后留下的项目将作为复测问卷。复测同样利用第三方平台实施测试，最后收回有效数据352份，利用所得数据进行验证性因素分析和信效度检验。

（三）效标测量

采用简才永等人（2013年）编制的"人际和谐量表"的"族际和谐"分量表作为校标测量工具。该分量表共有四个项目，分别是："我很喜欢和其他民族的人交往"在与其他民族相处时我感觉很亲切""我很尊重其他民族的风俗习惯""与其他民族交往时我们彼此都很热情"，被试在四个项目上的得分可以作为群际接触意愿、接触经验和群际认知等方面的校标参数，该量表的重测信度为0.828。此外，使用本次调查数据算得该量表 Alpha 信度系数为0.816，说明该量表具有较好的信度。

（四）统计工具与方法

采用SPSS 23.0与Amos 23.0统计软件进行数据处理和分析，主要涉及项目分析、探索性因素分析、验证性因素分析、信效度检验等。

三、结果分析

（一）项目分析

项目分析考察两个指标：一是单项目得分与问卷总分的相关分析，二是问卷总分的27%高分组与27%低分组进行独立样本t检验。第一个指标检测单项目与总分之间的相关度，若相关显著则保留该项目；第二个指标检测问卷项目的区分度，若差异显著则保留该项目。从表4-2可见，第11、第17两个项目不符合以上两点要求，故将其删除。

表4-2　初测数据项目分析结果（n=317）

项目	r	t	项目	r	t	项目	r	t
01	0.427**	6.104**	11	−0.143*	1.554	21	0.490**	8.668**
02	0.324**	4.893**	12	0.549**	8.166**	22	0.416**	8.844**
03	0.349**	5.325**	13	0.528**	8.097**	23	0.556**	8.344**
04	0.496**	6.764**	14	0.148**	3.083**	24	0.519**	7.163**

项目	r	t	项目	r	t	项目	r	t
05	0.466**	6.686**	15	0.650**	11.711**	25	0.286**	5.333**
06	0.570**	8.206**	16	0.635**	13.286**	26	0.318**	5.132**
07	0.571**	8.842**	17	0.006	2.016*	27	0.541**	7.135**
08	0.610**	11.653**	18	0.611**	9.530**	28	0.567**	5.826**
09	0.1673**	3.9763**	19	0.388**	4.621**	29	0.508**	8.755**
10	0.515**	7.081**	20	0.387**	4.841**	30	0.476**	9.534**

（二）探索性因素分析

采用 Bartlett 球形检验及 KMO（Kaiser-Meyer-Olkin）的方式，对项目分析后剩余的项目进行分析，结果显示：KMO＝0.877，Bartlett 球形检验卡方值为 2910.975，相伴概率 Sig＝0.000，数据适合做因素分析。运用主成分法实施因素分析，提取满足如下条件的因子：①特征值大于1；②因子载荷值大于等于 0.3；③没有双重或多重负荷；④因子项目数大于等于3个。经 Promax 斜交法旋转后，最终提取符合以上条件的4个因子，共计23个项目，其累计方差贡献率为55.726%。其中第9、14、24、25、26等项目存在多重负荷，故将其删除。最后，综合各因子项目描述的具体内容，特将4个因子分别命名为接触数量、接触质量、想象接触和拓展接触，其中接触数量和接触质量属于直接接触，想象接触和拓展接触属于间接接触，由于媒介接触的项目指标没有达到统计学要求，故将其删除。详细结果见表4-3。

表4-3　初测数据探索性因素分析结果（n=317）

	接触数量（$F1$）		接触质量（$F2$）		想象接触（$F3$）		拓展接触（$F4$）	
	项目	负荷	项目	负荷	项目	负荷	项目	负荷
	01	0.651	08	0.758	27	0.665	19	0.850
	02	0.769	10	0.619	28	0.766	20	0.836

续表

	接触数量（F1）		接触质量（F2）		想象接触（F3）		拓展接触（F4）	
	项目	负荷	项目	负荷	项目	负荷	项目	负荷
	03	0.726	12	0.659	29	0.835	21	0.585
	04	0.777	13	0.701	30	0.833	22	0.436
	05	0.745	15	0.787			23	0.373
	06	0.786	16	0.799				
	07	0.655	18	0.543				
特征值	6.490		3.035		1.705		1.586	
方差贡献	28.219%		13.197%		7.414%		6.896%	

（三）验证性因素分析

为检验探索性因素分析结果的合理性，特使用保留下来的23个项目正式施测，并用所得数据实施验证性因素分析。根据之前的理论设想，共检验了两种模型的拟合指标，结果显示一阶模型的各项拟合值非常理想，而二阶模型的各项拟合值不太理想，详细结果见表4-4、图4-3。

表4-4　结构方程模型的拟合指标（n=352）

拟合指标	x^2	df	x^2/df	RMSEA	GFI	CFI	TLI	IFI
一阶模型	411.459	203	2.027	0.054	0.900	0.918	0.906	0.919

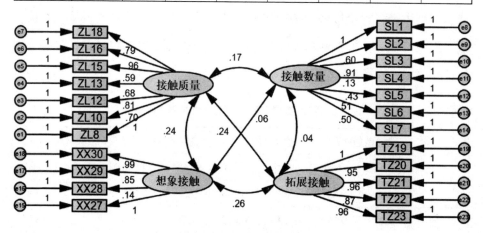

图4-3　一阶模型结构图

（四）问卷信效度检验分析

从表4-5可见：四个因子及总问卷的 α 信度系数在0.723—0.857，组合信度在0.773—0.895，信度良好。

表4-5　问卷信度系数（ *n*=352 ）

信度类型	接触数量	接触质量	想象接触	拓展接触	Total
α 系数	0.849	0.802	0.780	0.723	0.857
组合信度	0.885	0.838	0.831	0.773	0.895

从表4-6可见：各因子与问卷总分之间的相关系数在0.634—0.804，而各因子之间的相关系数在0.120—0.443，全部相关显著。结合验证性因素分析各项指标可知，问卷结构效度良好。

表4-6　相关系数矩阵（ *n*=352 ）

	Total	接触数量	接触质量	想象接触	拓展接触
Total	1.000				
接触数量	0.634**	1.000			
接触质量	0.804**	0.392**	1.000		
想象接触	0.658**	0.158**	0.361**	1.000	
拓展接触	0.674**	0.120*	0.387**	0.443**	1.000

从表4-7可知：群际接触数量、接触质量、想象接触和接触总分都与族际和谐具有显著正相关，但拓展接触与族际和谐相关不显著。回归分析也显示接触数量、接触质量、想象接触和接触总分都对族际和谐具有显著预测作用，但拓展接触没有进入回归方程。这说明"群际接触量表"除拓展接触分量表外，接触数量、接触质量、想象接触三个分量表及总量表具有较好的校标关联效度。

表4-7　校标关联效度检验结果（n=352）

预测变量	因变量	相关系	R^2	F	β	T	P
接触数量		0.180**	0.146	83.620	0.100	3.095	0.000
接触质量		0.374**			0.408	12.018	0.002
想象接触	族际和谐	0.118**			0.120	3.028	0.000
拓展接触		0.033			—	—	—
接触总分		0.271**			0.143	2.348	0.019

四、讨论分析

（一）群际接触问卷的结构

群际接触理论假说虽然提出到现在已经有70多年的历史，被引进中国也有20余年，但是对其理论结构的探讨依然还未形成统一的定论。这可能是由于交往情景和文化背景不同，群际接触的方式和内容也会随之改变。比如有研究者发现，在跨文化交往背景中，不同民族之间的交往模式是有所不同的，尤其是在跟一些不熟悉其生活习惯和宗教信仰的群体及其成员交往时，人们会比较注意自己的言行，唯恐由于自己的无知或孤陋寡闻而冲撞了他们（王晓玲，2012年）。因此，在不同文化背景和交往情境中，人们的交往方式和内容应该是有所区别的，需要根据不同的接触文化和情境去建构群际接触的结构。群际接触结构又是编制群际接触问卷的理论依据，而结构的确定又有赖于操作性概念的界定。根据群际接触理论的基本假说、理论核心和群际接触类型的划分，我们将群际接触在理论上划分为直接接触和间接接触两种类型，并嵌入情感、认知和态度等维度，以形成具体的测量项目。对调查数据进行项目分析、探索性因素分析和验证性因素分析后发现，直接接触和间接接触的二阶两维度模型假设并不理想，而作为一阶四维度的模型则较为理想，且接触数量和接触质量两个维度的累计方差贡献率为41.416%，想象接触和拓展接触的累计方差贡献率为14.310%。此外，由于媒介接触未能达到心理测量和心理统计学的要求，该项目被删除。可见，虽然在自媒体时代，高职生使用手机等媒介进行交流互动非常便利，但群际接触的主要手段或途径依然还是传统的直接接触。有研究发现网络接触可以有效降低偏见，促进跨群体友谊（Austin R，Abbot L，Mulkeen A，Metcalfe N，2003年），并将网络接触视为四种主要间接接触形式之一（Amichai – Hamburger Y，McKenna K，2006年），黄飞等人（2018年）在考察族际接触时也将网络接触作为一个维度来进行测量。此次测量结果表明：高职生的群际接触结构包含接触数量、接触质量、想象接触和拓展接触四个维度。接触数量是指个体与外族群的人作为朋友、邻居和同学等身份的数量，以及相互走动、交流和分享信息、资源的频率；接触质量是指个体与外族群成员在交往意愿、关系亲疏、合作竞争、交往体验等方面的内容；想象接触是指个体在心里想象与外族群成员交往的感受、体验和态度变化等；拓展接触是指对个体在与外族群成员交往过程中"熟人效应"的测量。以上界定都是基于文献研究和问卷调查数据得出，并通过探索性因素分析和验证性因素分析检验，既有理论基础，又有实证依据。因此，对高职生群际接触概念与结构的理论构想是恰当的，能够如实反映高职生的真实群际接触情况。

（二）群际接触问卷的有效性

群际接触问卷编制的有效性，从理论构想到实证数据验证，都具有系统的证据支持。

首先，问卷的理论构想与项目编写都是根据相关研究文献合理构建理论结构并编写的，项目词条编写完毕之后发给10位心理学专业人士审核修订，以使项目词义表达准确无歧义，保证项目的内容效度。

其次，使用调查数据确定和检验问卷结构。问卷编写完成之后，在贵州省分两次对高职生进行测试，并用初测数据进行项目分析和探索性因素分析，用复测数据进行验证性因素分析。结果显示，项目分析中有两个项目因没有达到统计学要求被删除，探索性因素分析显示 KMO=0.877、Sig=0.000，各因子项目的负荷值在0.373—0.850，共同度在0.412—0.739，共提取4个因子共计23个项目，方差累计贡献率为55.726%。而验证性因素分析结果表明，结构方程模型的各项基本拟合值均达到心理测量与心理统计学标准（张卫东，2001；侯杰泰、温忠麟等，2004年），且各因子与总分之间存在中等偏高的相关（0.634—0.804），各因子之间存在中等偏低相关（0.120—0.443），这表明问卷内部结构合理。

最后，从稳定性和可靠性来看，问卷具有较好的信效度。利用所得数据算得各因子和总问卷的α信度系数在0.723—0.857、组合信度系数在0.773—0.895，一般组合信度在0.7以上就具有非常好的稳定性（吴明隆，2009年）。此外，还考察了问卷的校标效度，结果发现除了拓展接触与校标问卷相关不显著以外，其余各维度及总分均具有较好的校标关联效度。

综上所述，该问卷信效度检测结果符合问卷编制要求，具有较好的稳定性和有效性。

（三）研究不足与展望

首先，此次调研主要以贵州省的高职生群体为对象，没有对其他地区的被试群体进行调查，导致数据的代表性具有一定的局限性；其次，在问卷项目设计上更倾向于测量学生的校园内群际接触，关于学生校外的接触内容涉及不多，难以全面预测和评估被试的整体群际接触状况；最后，此次未能将网络媒介接触内容纳入问卷，导致后续研究无法评估高职生网络媒介接触状况，而在自媒体时代，网络媒介必然会对大学生等群体的群际交往与交流产生重要影响。

基于以上不足，今后的研究可以从三个方面弥补：一是扩大被试群体，特别是其他青年社群，以增加调查数据的代表性；二是重新修订问卷内容，增加校外接触和网络媒介接触内容；三是要结合个案研究，个案研究可以纵深了解研究对象，丰富研究内容，扩大研究成果的代表性。

第四节 群际接触减少偏见、促进和谐的作用机制

群际接触理论的核心是基于奥尔波特提出的"接触减少偏见"假说，偏见是群际接触理论存在的前提，接触是为了减少偏见而被研究的。作为群际接触理论的出发点，偏见规定着群际接触理论中相关概念的内涵和外延，甚至决定着群际接触理论的研究目的和范畴，它是群际接触理论产生的社会原动力和基础（姜术容，2015年）。这是基于西方价值体系的一种研究视角——"接触减少偏见"，而群际接触理论本土化研究的趋势应该切合中国的价值体系，即"接触促进和谐"。而且经过半个多世纪的研究与实践，奥尔波特提出的群际接触理论已经被证实是减少群际偏见最有效的策略之一，但它是如何通过影响群际偏见、群际焦虑和群际信任等变量，进而达到改善群际关系的？这尚需进一步考证，特别是关于其本土化的实证研究更是少见。为此，本研究在考察群际接触减少偏见作用机制的同时，进一步延伸了"接触促进和谐"的研究假设，整合群际接触理论认知与情绪两大研究范式，并结合个体内在人格特质（自信与信任）对"接触促进和谐"的作用机制进行了实证探索。

一、研究方法

（一）研究对象

利用"问卷星"平台对贵州省民族地区高职生进行线上调查，共采集了1956份有效数据。其中男生627人、女生1329人；一年级1398人、二年级354人、三年级204人；汉族1093人、苗族357人、布依族68人、侗族167人、其他民族271人。

（二）研究工具

1. 群际焦虑

参照史蒂芬等人（1985年）群际焦虑研究思路，共编写了6道题目，经过对调查数据进行项目分析和探索性因素分析之后保留了4道题。这4道题主要描述了人际接触时个体表现出来的焦虑感受，分别是："与其他地区的同学相处时，我感到紧张不安""与其他民族的同学在一起我感到不自在""与其他寝室、班级、专业或学校的人相处时感到心神不宁""与外族人在一起时感到不舒服"。采用5点计分法，1表示"非常不符合"，5表示"非常符合"。4道题总分得分越高，就说明群际焦虑水平越高。探索性因素分析结果显示：仅有1个因子特征值大于1，方差累计贡献率为61.695%，共同度在0.565—0.658，因子项目负荷值在0.752—0.811，Alpha 信度系数为0.792，四个项目与总分之间的相关系数在0.692—0.744，各项目之间的相关系数在0.413—0.542，问卷具有良好的信效度。

2. 群际偏见

参考菲尼等人编制的民族交往态度量表（Phinney，1992），以及刘林平关于城市居民对外来人口态度的研究（刘林平，2008年），共编写了12个项目，包含认知和情感偏见两个方面内容。采用5点计分法，1表示"非常不符合"，5表示"非常符合"。实证数据分析结果显示：第3、7、9、10、11、12项因不符合统计学标准被删除，保留特征值大于1的一个因子，共计6个项目，方差累计贡献率为46.382%，共同度在0.338—0.588，因子负荷值在0.581—0.767，Alpha 信度系数为0.866。问卷具有较好的信度。

3. 群际信任

首先，查询《汉语大词典》搜集与"信任"相关的词汇共计22条。其次，将选出的词汇编成初始问卷，并对50名高职生调查，主要让他们根据自己的群际交往经历选择与"信任"相关的词汇。最后，确定"信任、可靠、托付、怀疑、防御"等7条词汇，并编写成最终的群际信任问卷，采用5点计分法，

1表示"非常不符合"，5表示"非常符合"。探索性因素分析结果显示：提取1个因子，共4个项目，累计方差贡献率为62.901%，共同度在0.498—0.771，因子负荷值在0.677—0.880，Alpha信度系数为0.800，结果表明群际信任问卷信度良好。

4. 群际和谐

采用简才永等人（2013年）编制的"人际和谐问卷"中的"族际和谐"分问卷作为校标测量工具。该分问卷共有4个项目，分别是："很喜欢和其他民族的人交往""很尊重其他民族的风俗习惯""在与其他民族相处时感觉很亲切""与其他民族交往时彼此都很热情"，4个项目分别测量群际接触意愿、群际认知和接触感受等内容，其中接触认知和接触感受可以作为个体群际接触经历的评估指标。该问卷采用5点计分法，1表示"非常不符合"，5表示"非常符合"，其重测信度为0.828，使用本次调查数据算得该问卷的Alpha信度系数为0.816，信度良好。

5. 群际接触

采用本研究编写的"高职生群际接触问卷"，有接触数量、接触质量、想象接触和拓展接触4个因子共计23个项目，方差累计贡献率55.726%，总问卷与各因子的α系数分别为0.857、0.849、0.802、0.780和0.723，信度良好（该问卷详细参数见本章第三节）。

（三）研究内容与假设

本节的主要研究内容是建构群际接触促进和谐机制的多维模型，重点考察群际接触通过认知（偏见）、情绪（焦虑）和个性特征（自信与信任）等变量对群际和谐的影响效应。

根据研究内容，拟提出以下六点假设：

假设1（H1）：群际接触对群际焦虑、群际偏见具有显著的影响效应；

假设2（H2）：群际接触可以增加群体间的关联度，进而提高对群际差异性的理解，增强群际信任感；

假设3（H3）：群际接触能够显著影响接触经验（意愿、认知／态度、感受），进而改善群际关系；

假设4（H4）：个体自我评价水平能够显著影响群际和谐，而良好的群际接触又会提升个体的自信水平；

假设5（H5）：群际焦虑、群际信任和接触经历在群际接触和群际偏见之间具有显著中介效应；

假设6（H6）：群际接触对群际和谐的影响，会受个体焦虑、偏见及个性特征等因素的影响。

二、研究结果

（一）基本描述统计分析

从表4-8可知：接触数量的均值小于3分，有超过57.4%的被试得分在3分以下，反映出高职生群际接触数量并不多；而接触质量的均值则大于3分，且有72.6%的被试得分在3分以上，说明高职生的群际接触质量尚可；想象接触和拓展接触均值都大于3分，但不确定性的被试样本量较大，约占20%；群际和谐均值大于3分，且有超过80%的被试都在3分以上，这说明高职生群际关系较为和谐；群际焦虑和群际偏见得分偏低，均值都低于2分，且绝大部分的被试得分都在3分以下，这说明高职生群体的群际偏见和焦虑水平较低；群际信任的得分不高，高分组样本量不多（20.8%），有超过68%的被试存在群际群际信任的现状。此外，接触意愿除了与拓展接触相关不显著（$P>0.05$）之外，与其他变量都显著相关（$P<0.01$）。

表4-8　各核心变量描述统计及其与接触意愿的相关分析结果（n=1956）

考察变量	Mean	SD	$1 \leqslant X < 3$	$X = 3$	$3 < X \leqslant 5$	r
接触数量	2.816	0.465	57.4%	16.3%	26.3%	0.156**
接触质量	3.406	0.580	19.0%	8.3%	72.6%	0.268**
想象接触	3.059	0.674	34.3%	20.0%	45.8%	0.103**

考察变量	*Mean*	SD	$1 \leqslant X < 3$	$X=3$	$3 < X \leqslant 5$	*r*
拓展接触	3.041	0.753	33.9%	19.2%	46.8%	0.034
群际和谐	3.905	0.849	17.1%	7.6%	82.9%	0.810**
群际焦虑	1.921	0.899	81.8%	8.5%	9.7%	−0.156**
群际偏见	1.614	0.448	99.0%	0.5%	0.5%	−0.125**
群际信任	3.532	0.771	68.0%	11.2%	20.8%	0.110**

注：1表示"非常不符合"，2表示"基本不符合"，3表示"介于不符合与符合之间"，4表示"基本符合"，5表示"非常符合"；r 为"接触意愿"与各变量之间的相关系数。

（二）各变量的差异分析结果

从表4-9可见：高职生群际接触仅在接触数量（$P < 0.01$）和想象接触（$P < 0.05$）中存在显著的性别差异，且男生得分显著高于女生；而接触质量、拓展接触和接触总分都不存在显著的性别差异（$P > 0.05$）；群际和谐不存在显著性别差异（$P > 0.05$）；群际焦虑、群际偏见和群际信任的性别差异都不显著（$P > 0.05$）。

表4-9　性别差异分析结果（M±SD）

考察变量	男生（$n=627$）	女生（$n=1329$）	*T*	*P*
接触数量	2.856 ± 0.479	2.796 ± 0.457	2.688	0.007
接触质量	3.433 ± 0.617	3.393 ± 0.562	1.464	0.143
想象接触	3.112 ± 0.703	3.035 ± 0.658	2.350	0.019
拓展接触	3.015 ± 0.758	3.053 ± 0.750	−1.036	0.300
群际和谐	3.945 ± 0.976	3.885 ± 0.782	1.461	0.144
群际焦虑	1.874 ± 0.954	1.943 ± 0.871	−1.589	0.112
群际偏见	1.608 ± 0.456	1.617 ± 0.444	−0.391	0.696
群际信任	3.545 ± 0.817	3.525 ± 0.747	0.537	0.591

从表4-10可见：在接触数量（$P<0.01$）、接触质量（$P<0.01$）和接触总分（$P<0.05$）上都存在显著的身份差异，学生干部的得分显著高于一般学生；在想象接触和拓展接触两个维度上的差异不显著（$P>0.05$）；学生干部在族际和谐上的得分显著高于一般学生（$P<0.01$）；群际焦虑、群际偏见和群际信任在学生身份上存在显著的差异（$P<0.01$），群际焦虑和群际偏见是一般学生显著高于学生干部，而群际信任则是学生干部显著高于一般学生。

表4-10　学生身份差异分析结果（M±SD）

考察变量	学生干部（$n=594$）	一般学生（$n=1362$）	T	P
接触数量	2.862 ± 0.489	2.795 ± 0.453	2.916	0.004
接触质量	3.467 ± 0.578	3.379 ± 0.579	3.086	0.002
想象接触	3.053 ± 0.689	3.062 ± 0.667	-0.263	0.793
拓展接触	3.033 ± 0.787	3.044 ± 0.737	-0.284	0.776
群际和谐	3.988 ± 0.872	3.867 ± 0.837	2.896	0.004
群际焦虑	1.793 ± 0.827	1.976 ± 0.923	-4.165	0.000
群际偏见	1.553 ± 0.401	1.641 ± 0.464	-3.996	0.000
群际信任	3.601 ± 0.771	3.501 ± 0.768	2.626	0.009

从表4-11可知：高职生参与校园社团活动的程度（频率）在接触数量（$P<0.001$）、接触质量（$P<0.001$）和接触总分（$P<0.001$）上都存在显著的差异，且得分都是随着参与频率的增多而增高，但在想象接触和拓展接触两个维度上差异不显著（$P>0.05$）。群际和谐得分也是随着参与活动频率的增加而增高，且差异显著（$P<0.001$）；群际焦虑在参加社团活动的频率上存在显著的差异（$P<0.001$），且参加得越少焦虑越高；群际偏见差异不显著（$P>0.05$），但也是参加得越少偏见越高；群际信任差异都不显著（$P>0.05$）。由此还可以看出，高职生参加校园社团活动的积极性并不高，有71.9%的学生很少参加社团活动，社交面比较窄。

表4-11　参与社团活动程度的差异分析结果（M±SD）

考察变量	从不参加	偶尔参加	经常参加	F	P
n（%）	108（5.5%）	1299（66.4%）	549（28.1%）		
接触数量	2.736 ± 0.471	2.785 ± 0.456	2.902 ± 0.474	14.019	0.000
接触质量	3.231 ± 0.585	3.378 ± 0.565	3.504 ± 0.598	14.494	0.000
想象接触	3.034 ± 0.664	3.047 ± 0.668	3.095 ± 0.689	1.086	0.338
拓展接触	3.050 ± 0.734	3.051 ± 0.745	3.013 ± 0.774	0.496	0.609
群际和谐	3.648 ± 0.892	3.838 ± 0.842	4.112 ± 0.819	25.888	0.000
群际焦虑	2.215 ± 1.009	1.944 ± 0.881	1.808 ± 0.902	10.681	0.000
群际偏见	1.651 ± 0.509	1.626 ± 0.449	1.578 ± 0.429	2.530	0.080
群际信任	3.588 ± 0.761	3.516 ± 0.774	3.431 ± 0.758	2.706	0.067

从表4-12可知：被试的自我评价在接触质量（$P<0.001$）、想象接触（$P<0.05$）和接触总分（$P \leqslant 0.01$）上存在显著差异，在接触数量和拓展接触两个维度上的差异不显著（$P>0.05$）。事后检验结果发现，自卑得分越高的被试在接触数量、接触质量、拓展接触上的得分越低，而在想象接触上却刚好相反；在群际和谐的得分也是越自信的被试得分越高，且差异显著（$P<0.001$）；群际焦虑和群际偏见都存在显著的差异（$P<0.001$），且都是越自信的被试得分越低。群际信任在被试的自我评价上差异显著（$P<0.001$）。此外，从数据的分布频率来看，非常自信的人不足5%、对自己认识不清的有36.86%、感到自卑的有32.57%。

表4-12　自我评价的差异分析结果（M±SD）

考察变量	非常自卑	有点自卑	不确定	有点自信	非常自信	F	P
n（%）	163（8.34%）	474（24.23%）	721（36.86%）	508（25.97%）	90（4.6%）		
接触数量	2.838 ± 0.561	2.802 ± 0.451	2.807 ± 0.434	2.808 ± 0.477	2.900 ± 0.538	1.158	0.177

续表

考察变量	非常自卑	有点自卑	不确定	有点自信	非常自信	F	P
接触质量	3.333 ± 0.626	3.409 ± 0.564	3.379 ± 0.538	3.387 ± 0.620	3.606 ± 0.625	5.785	0.000
想象接触	3.115 ± 0.636	3.077 ± 0.619	3.054 ± 0.763	3.036 ± 0.885	2.981 ± 0.708	2.647	0.032
拓展接触	2.980 ± 0.778	3.033 ± 0.749	3.053 ± 0.739	3.016 ± 0.768	3.115 ± 0.766	0.734	0.568
群际和谐	3.836 ± 1.048	3.827 ± 0.774	3.850 ± 0.812	3.957 ± 0.876	4.267 ± 0.939	9.974	0.000
群际焦虑	2.352 ± 1.065	2.142 ± 0.902	2.023 ± 0.867	1.625 ± 0.791	1.402 ± 0.757	45.460	0.000
群际偏见	1.684 ± 0.468	1.673 ± 0.464	1.603 ± 0.431	1.579 ± 0.454	1.535 ± 0.414	4.888	0.001
群际信任	3.849 ± 0.446	3.592 ± 0.773	3.501 ± 0.764	3.425 ± 0.718	3.489 ± 0.907	10.666	0.000

（三）群际接触促进群际和谐：偏见、焦虑和信任的中介效应

1. 群际接触对偏见的影响

表4-13　群际接触与群际偏见的相关及回归分析结果（n=1956）

自变量	因变量	r	β	t	P	R^2	F	P
接触数量	群际偏见	0.018	0.077	3.185	0.001	0.030	15.066	0.000
接触质量		−0.131**	−0.181	−7.316	0.000			
想象接触		−0.057*	−0.088	−3.162	0.002			
拓展接触		−0.029	−0.003	−0.110	0.912			

从表4-13可见：群际偏见与接触质量存在显著的负相关（$P<0.01$），与想象接触存在显著负相关（$P<0.05$），与接触数量和拓展接触相关不显著（$P>0.05$）。为进一步探索群际接触对群际偏见的影响作用，以群际接触的4个维度作为自变量，群际偏见作为因变量，进行线性回归分析，结果发现，

接触数量（$\beta=0.077$，$P=0.001$）和想象接触（$\beta=-0.088$，$P<0.01$）对群际偏见具有显著的正向预测效应，接触质量对群际偏见具有显著的负向预测效应（$P<0.01$），群际接触对群际偏见的方差解释率为3%。

为进一步检验群际接触影响群际偏见的因果关系，特以群际接触为自变量、群际偏见为因变量进行路径分析，结果见图4-4、表4-14和表4-15。

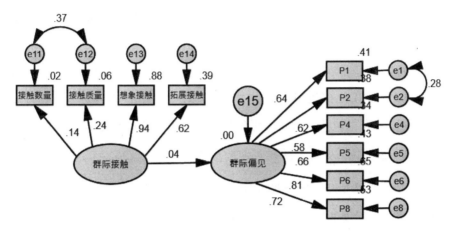

图4-4　群际接触与群际偏见的关系修正模型图

表4-14　群际接触对高职生群际偏见的影响模型拟合指数

x^2	df	x^2/df	$RMSEA$	GFI	NFI	IFI	CFI	TLI
175.287	32	5.478	0.048	0.982	0.968	0.973	0.973	0.962

表4-15　群际接触对高职生群际偏见影响假设的检验结果

假设	变量关系	标准化路径系统	$C.R.$	P	5% 检验结果
HI	群际接触→群际偏见	0.04	2.017	0.033	成立

以群际接触为外因自变量、群际偏见为内因依变量，建立路径分析模型。模型的各项拟合指标均达到结构方程模型的统计学指标。

从表4-14可见，$x^2/df>5$，$RMSEA<0.05$，GFI、NFI、IFI、CFI、TLI均大于0.9，修正模型各项拟合值符合结构方程模型检验要求，说明该模型内

在结构合理。此外，表4-15的路径检验结果显示，标准路径系数为0.04、
$C.R=2.017$、$P<0.05$。这说明群际接触对群际偏见具有显著的潜在影响效应，
假设1得证。

2. 群际接触对焦虑的影响

从表4-16可见：群际焦虑与接触质量存在显著的负相关（$P<0.01$）、与
想象接触存在显著的负相关（$P<0.01$）；与接触数量和拓展接触相关不显著
（$P>0.05$）。为继续探索群际接触对群际焦虑的影响效应，以群际接触的4个
维度作为自变量，群际焦虑为因变量进行线性回归分析，结果显示：接触质量
（$\beta=-0.202$，$P<0.01$）和拓展接触（$\beta=-0.075$，$P<0.01$）对群际偏见具有显著
的负向预测效应，想象接触对群际偏见具有显著的正向预测效应（$P<0.01$），
群际接触对群际偏见的方差解释率为4.6%。

表4-16 群际接触与群际焦虑的相关及回归分析结果

自变量	因变量	r	β	t	P	R^2	F	P
接触数量	群际焦虑	−0.033	0.033	1.354	0.176	0.046	23.715	0.000
接触质量		−0.164**	−0.202	−8.271	0.000			
想象接触		−0.083**	0.167	6.048	0.002			
拓展接触		−0.005	−0.075	−2.746	0.006			

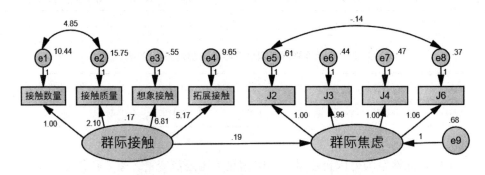

图4-5 群际接触与群际焦虑的关系模型图

从表4-17可见：$x^2/df=5.768>5$、$RMSEA=0.049<0.05$、GFI、NFI、IFI、

CFI、*TLI* 均大于 0.9，修正模型各项拟合值符合结构方程模型检验要求，说明该模型内在结构合理。此外，通过表 4-18 的检验结果可见，标准路径系数为 0.186，*C.R*=3.279、*P*=0.001。因此，群际接触对群际焦虑存在显著的潜在影响效应，假设 1 得证。

表 4-17 群际接触对高职生群际焦虑的影响模型拟合指数

x^2	*df*	x^2/df	*RMSEA*	*GFI*	*NFI*	*IFI*	*CFI*	*TLI*
98.058	17	5.768	0.049	0.988	0.979	0.982	0.982	0.971

表 4-18 群际接触对高职生群际焦虑影响假设的检验结果

假设	变量关系	标准化路径系数	*C.R*	*P*	5% 检验结果
H1	群际接触→群际焦虑	0.186	3.279	0.001	成立

3. 群际接触对信任的影响

从表 4-19 可见：群际信任与接触数量具有显著正相关（*P*<0.05），与接触质量有显著的正相关（*P*<0.01），与想象接触有显著的正相关（*P*<0.05），与拓展接触相关不显著（*P*>0.05）；回归分析结果发现，接触质量对群际信任具有显著的正向预测效应（*β*=0.263，*P*<0.001），想象接触对群际信任具有显著的正向预测作用（*β*=0.128，*P*<0.001），接触数量和拓展接触对群际信任预测效应不显著，群际接触对群际信任的方差解释率为 6.6%。

表 4-19 群际接触与群际信任的相关及回归分析结果

自变量	因变量	*r*	*β*	*t*	*P*	R^2	*F*	*P*
接触数量	群际信任	0.052*	0.034	1.428	0.153	0.066	34.283	0.000
接触质量		0.221**	0.263	10.837	0.000			
想象接触		0.074*	0.128	4.683	0.000			
拓展接触		0.037	0.001	0.034	0.973			

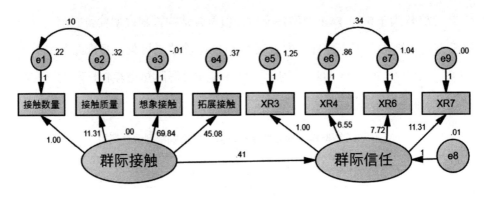

图4-6　群际接触与群际信任的关系模型图

由表4-20可见：群际接触与群际信任路径分析模型的 x^2/df =7.876、 $RMSEA$ =0.064<0.08，其他拟合值也都达到了结构方程模型的统计学指标要求，模型结构合理。此外，表4-21结果显示群际接触，与群际信任的标准化路径系数为0.410、 $C.R$ =5.176、 P <0.001。可见，群际接触对群际信任具有显著的潜在影响，假设2得证。

表4-20　群际接触对高职生群际信任的影响模型拟合指数

x^2	df	x^2/df	$RMSEA$	GFI	NFI	IFI	CFI	TLI
149.639	19	7.876	0.064	0.979	0.946	0.952	0.952	0.929

表4-21　群际接触对高职生群际信任影响假设的检验结果

假设	变量关系	标准化路径系数	$C.R$	P	5% 检验结果
H2	群际接触→群际信任	0.410	5.176	0.000	成立

4. 群际接触对群际和谐的影响

由表4-22可见：接触意愿与接触数量、接触质量和想象接触都存在显著的正相关（ P <0.01），但与拓展接触相关不显著（ P >0.05）；回归分析结果显示，接触数量（ P <0.05）、接触质量（ P <0.001）、想象接触（ P <0.01）对接触意愿都具有显著的正向预测效应，拓展接触的预测效应不显著（ P >0.05），群际接触对接触意愿的方差解释率为7.8%。接触认知与接触数量、接触质量存在显著的正相关（$P<0.01$），与想象接触存在显著的负相关（$P<0.01$），与拓展接触相关不显著（$P>0.05$）；回归分析结果发现，除接触数量对接触认知预测效应不显著外，接触质量（$\beta=2.230$，$P<0.001$）、想象接触（$\beta=0.060$，$P<0.05$）和拓展接触（$\beta=-0.062$，$P<0.05$）都对接触认知具有显著的预测效应，群际接触对接触认知的方差解释率为5.9%。接触感受与接触数量、接触质量具有显著的正相关（$P<0.01$），与想象接触具有显著的负相关（$P<0.01$），与拓展接触相关不显著（$P>0.05$），回归分析结果显示，接触数量（$\beta=0.047$，$P<0.05$）、接触质量（$\beta=0.329$，$P<0.001$）、想象接触（$\beta=0.069$，$P<0.01$）对接触感受具有显著的正向预测效应，拓展接触对接触感受具有显著的负向预测效应（$\beta=-0.064$，$P<0.05$），群际接触对接触感受的方差解释率为13.1%。

表4-22 群际接触与群际和谐的相关及回归分析结果

自变量	因变量	r	β	t	P	R^2	F	P
接触数量	接触意愿	0.156**	0.059	2.479	0.013	0.078	41.383	0.000
接触质量		0.268**	0.236	9.821	0.000			
想象接触		0.103**	0.073	2.693	0.007			
拓展接触		0.034	0.051	−1.911	0.056			
接触数量	接触认知	0.101**	0.009	0.374	0.709	0.059	30.783	0.000
接触质量		0.237**	2.230	9.451	0.000			
想象接触		−0.076**	0.060	2.200	0.028			
拓展接触		−0.010	−0.062	−2.273	0.023			
接触数量	接触感受	0.179**	0.047	2.048	0.041	0.131	73.210	0.000
接触质量		0.353**	0.329	14.096	0.000			
想象接触		−0.111**	0.069	2.629	0.009			
拓展接触		−0.037	−0.064	−2.443	0.015			

从表4-23可见，群际接触与群际和谐路径分析模型的 $x^2/df=6.819>5$、

$RMSEA=0.080 \leqslant 0.08$，其余拟合指标均大于0.9，说明该模型内部结构基本合理；表4-24的检验结果显示，标准化路径系数为0.156、$C.R=5.297$、$P<0.001$。由此可知，群际接触对群际和谐具有显著的潜在影响。

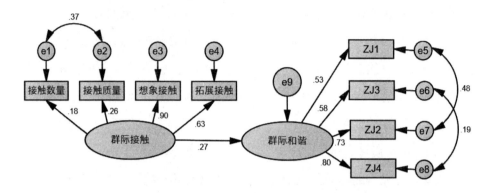

图4-7 群际接触与群际和谐的关系模型图

表4-23 高职生群际接触对群际和谐的影响模型拟合指数

x^2	df	x^2/df	RMSEA	GFI	NFI	IFI	CFI	TLI
115.931	17	6.819	0.080	0.968	0.940	0.943	0.943	0.906

表4-24 高职生群际接触对群际和谐影响假设的检验结果

假设	变量关系	标准化路径系数	$C.R$	P	5%检验结果
H3	群际接触→群际和谐	0.156	5.297	0.000	成立

5. 自我评价与群际接触、群际和谐的关系

从表4-25可知：自我评价与群际和谐存在显著的正相关（$P<0.01$）；回归分析结果显示，自我评价对群际和谐具有显著的正向预测作用（$\beta=0.392$，$P<0.001$），自我评价对群际和谐的方差解释率为1.4%。自我评价与群际接触相关不显著（$P>0.05$）；回归分析结果显示群际接触对自我评价的预测效应不显著（$\beta=0.030$，$P>0.05$）。

表4-25 自我评价与群际接触、群际和谐的相关及回归分析结果

		r	β	t	P	R^2	F	P
群际和谐	自我评价	0.116**	0.392	5.173	0.000	0.014	26.758	0.000
群际接触		0.030	0.030	1.329	0.184	0.001	1.767	0.184

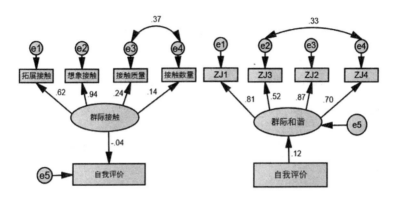

图4-8 自我评价与群际接触、群际和谐的关系模型图

由表4-26可知：自我评价与群际和谐、群际接触关系模型的各项拟合指标均已达到结构方程模型的统计学标准，模型内部结构合理。由表4-27的检验结果可知，自我评价与群际接触不存在显著的因果关系，但自我评价与群际和谐存在显著的因果关系，标准化路径系数为0.121、C.R=4.949、P<0.001。假设4部分得证。

表4-26 高职生自我评价与群际接触、群际和谐关系模型拟合指数

	x^2	df	x^2/df	$RMSEA$	GFI	NFI	IFI	CFI	TLI
群际接触	18.807	4	4.702	0.044	0.996	0.985	0.988	0.988	0.971
群际和谐	30.809	5	4.401	0.058	0.992	0.987	0.989	0.989	0.977

表4-27　自我评价与群际接触、群际和谐关系假设的检验结果

假设	变量关系	标准化路径系数	C.R	P	5%检验结果
H4	自我评价→群际接触	−0.018	−1.761	0.078	不成立
H4	自我评价→群际和谐	0.121	4.949	0.000	成立

6. 接触减少偏见的作用机制：焦虑、经历和信任的中介效应

从表4-28可见：$x^2/df=3.446<5$、$RMSEA=0.035<0.05$，且其余各项拟合指标均大于0.9，说明模型拟合度非常理想。因此，综合来看，检验结果符合结构方程模型检验要求，说明该模型内部结构合理。

表4-28　接触对偏见的作用机制：中介模型拟合指数

x^2	df	x^2/df	RMSEA	GFI	NFI	IFI	CFI	TLI
3.4461	1.000	3.446	0.035	0.950	0.996	0.997	0.997	0.969

从表4-29可见：各变量之间的路径分析结果都达到了显著的水平，说明接触经历、群际信任和群际焦虑在群际接触与群际偏见之间存在显著的中介影响效应。此外，外因自变量"群际接触"和三个中介变量"群际焦虑""群际信任""接触经历"对内因依变量"群际偏见"的方差解释率为18%。

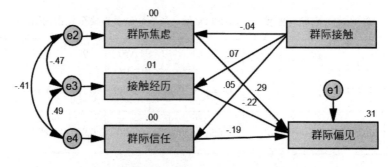

图4-9　接触对偏见的作用机制：中介模型图

表4-29　接触对偏见的作用机制：中介因素效应的假设检验结果

假设	变量关系	路径系数	C.R	P	1%检验结果	5%检验结果
H5	群际接触→接触经历	0.267	12.238	0.000	成立	成立
H5	群际接触→群际信任	0.080	3.489	0.000	成立	成立
H5	群际接触→群际焦虑	−0.061	−2.722	0.006	成立	成立
H5	群际信任→群际偏见	−0.214	−10.034	0.000	成立	成立
H5	接触经历→群际偏见	−0.100	−4.580	0.000	成立	成立
H5	群际焦虑→群际偏见	0.277	12.822	0.000	成立	成立

7. 接触对和谐的影响：焦虑、偏见和信任的中介效应

为进一步考证群际接触对减少群际偏见、降低群际焦虑、增强群际信任、提升自信度，以及促进群际和谐的作用机制，特以"群际接触"作为外因潜在变量（自变量），将"群际偏见""群际焦虑""群际信任""自我评价"作为中介变量（自变量和依变量），"群际和谐"作为内因变量（依变量），以详细考察几个变量之间的因果作用机制。具体结果见图4-10、表4-30和表4-31。

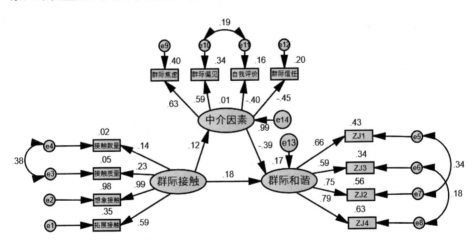

图4-10　接触对和谐的影响效应：中介模型图

由表4-30可见：$x^2/df=8.600>5$、$RMSEA=0.067<0.08$，模型拟合度略欠佳，但其余各项拟合指标均大于0.9，而且随着样本量增大，会导致卡方值增

大。因此，综合来看，检验结果符合结构方程模型检验要求，说明该模型内部结构合理。

表4-30　接触对和谐的影响效应：中介模型拟合指数

x^2	df	x^2/df	RMSEA	GFI	NFI	IFI	CFI	TLI
404.235	47	8.600	0.067	0.901	0.916	0.924	0.924	0.900

表4-31结果显示，群际偏见、群际焦虑、群际信任和自我评价组成的潜在中介影响因素对群际接触和群际和谐都具有显著的中介因果效应，群际接触对群际和谐也具有显著的因果效应。此外，外因变量"群际接触"对"群际信任""自我评价""群际焦虑""群际偏见"4个中介变量的方差解释率为15%，内因依变量"群际和谐"对外因变量"群际接触"和中介变量的联合方差解释率为17%，4个中介变量的中介作用显著（$P<0.001$）。因此，假设6得证。可见，群际接触确实可以减少群际偏见、降低群际焦虑、增强群际信任，提高自信度，进而改善个体群际关系。

表4-31　接触对和谐的影响：中介因素效应的假设检验结果

假设	变量关系	路径系数	C.R	P	5% 检验结果
H6	群际接触→中介因素	0.123	3.777	0.000	成立
H6	群际接触→群际和谐	0.183	6.682	0.000	成立
H6	中介因素→群际和谐	−0.393	−9.852	0.000	成立

三、讨论分析

（一）高职生群际接触及各变量基本情况

研究结果显示，高职生的群际接触数量不高，低分组被试量要显著多于高分组，但接触质量、想象接触和拓展接触的高分组被试量都显著多于低分组。可见，高职生的直接群际接触频率并不高，但他们对自己的群际接触质量认可度比较高，且想象接触和拓展接触等间接接触在一定程度上弥补了直接接触的不足。

此外，差异性比较分析结果显示，仅有接触数量和想象接触存在显著的性别差异，男生高于女生，这说明男生的群际接触频率要显著高于女生，但性别因素在其他核心变量上的影响效果并不显著。在身份差异比较中发现，除了想象接触、拓展接触和积极信任差异不显著外，其余各变量均存在显著的身份差异。具体表现为在接触质量、接触数量上都是学生干部显著高于一般学生，而在群际焦虑、群际偏见和信任缺失上都是一般学生显著高于学生干部。学生干部由于日常工作的原因，接触不同群体的机会自然要比一般学生多，这为降低群际偏见、焦虑和不信任等消极因素创造了条件，这与过去其他研究的结果基本一致，即接触可以降低偏见和焦虑等，进而促进群际和谐。另外，通过评估学生参加校园社团活动的频率来考察各核心变量的变化也证实了这一点，即学生参加活动的频率越高，接触数量、接触质量和群际和谐的得分就会越高，而群际偏见、群际焦虑和信任缺失得分也会随之降低。同时，研究还发现，高职生参与校园社团活动的积极性并不高，经常参加社团活动的仅占28.1%，有71.9%的人是偶尔参加或从不参加。由此可见，为促进高职生群际接触与民族和谐，加强学生校园社团活动的专业指导具有重大意义。

自信水平的差异分析结果显示，接触数量、接触质量和拓展接触的得分都随自信水平的提高而提高，想象接触则刚好相反。这可能是不自信的人往往较为孤僻、敏感、不善言辞，缺乏交往技巧，不善于或者不敢与人交往而已，但并不代表他们不愿与人接触，所以个体才会将这种交往需求通过内隐的心理想象来实现，其中群际偏见、群际焦虑和信任缺失的得分趋势就刚好能够说明这一点，因为这三个变量的得分随自信程度的降低而增高，而群际和谐与积极信任的得分都是随自信水平增高而增高。由此可见，个体的自信水平能够影响其群际接触、群际焦虑、群际偏见、群际和谐和群际信任等变量。因此，只有内在接纳自我、相信自己的人，才会更好地相信外界，才有可能与他人建立和谐关系。

（二）群际接触减少偏见、促进和谐的作用机制

本研究在群际接触减少偏见、促进群际和谐的作用机制方面已有的相关研究基础上，有一些新的发现和延伸。

研究发现群际接触可以降低焦虑水平，群际接触与群际焦虑的各维度都呈负相关，其中接触质量、想象接触与焦虑水平呈显著的负相关（$P<0.01$），即群际接触质量越高，群际焦虑的水平就越低，这说明群际间的有效接触能够降低群际焦虑水平，而且事前的积极想象，也能够有效降低实际接触中的焦虑水平，这与以往研究结果基本一致（高承海、万明钢，2018年）。与此同时，本研究还发现群际焦虑在群际接触与群际偏见、群际接触与群际和谐之间存在显著的中介作用。这说明在与外群体交往过程中，个体越能够控制好自己的焦虑情绪，就越能够与外群体进行交流沟通，外群体也能够以更加积极的方式给予回应，从而使群际交往产生良性循环（于海涛、杨金花、张雁军、金盛华，2014年）。

群际信任对建立和谐的群际关系至关重要（Tam T，Hewstone M，Kenworthy J B，Cairns E，2009年），本研究结果也证实群际信任是群际接触减少偏见、促进群际和谐的重要中介变量，群际信任与接触数量、接触质量、想象接触三个维度都存在显著正相关（$P<0.05$）。特别是与接触质量存在显著的正相关（$P<0.01$），群际接触与群际信任关系的路径分析结果也显示其存在显著的因果效应（$P<0.01$）。由此可见，无论是直接接触还是想象接触，都能够有效提高群际信任，特别是积极有效的接触更有利于群际信任的建立。虽然不同群体之间的信任很难建立，但一旦建立，就能够改善群体成员对外群体的态度，对群际交往与合作都具有显著的影响作用（Ferrin D L，Bligh M C，Kohles J C，2008年）。因此，无论是对外群体的态度还是与外群体的交往意愿，群际信任都具有重要的中介影响效应，并通过群际接触得以进一步强化。

群际信任表现为对他群体的认可、接纳和自我表露程度，属于对外变量，而自信则是对自己的认可、接纳和自我效能感水平，属于对内变量。为进一

步证实个体自我评价（自信水平）对群际接触及其偏见、群际和谐的影响，特将"自我评价"作为一个影响变量纳入模型进行评估，结果发现"自我评价"在群际接触与群际和谐之间存在显著的中介影响效应（p<0.01）。此外，从表4-12的结果可以看出，个体越自信，直接接触得分越高，群际和谐得分也越高，而个体越不自信就越喜欢使用想象接触，且群际焦虑和群际偏见的得分随自信程度的提高而降低。由此可见，个体内在的评价水平也能够影响其群际接触的实际效果，并与群际焦虑、群际偏见等因素具有一定相关性。

为了延伸探索群际接触对偏见的影响机制，本研究特将个体的群际接触经历作为接触与偏见的中介变量进行检验，结果发现接触经历在群际接触与群际偏见之间存在显著的中介效应（P<0.01）。有研究发现，接触经历的数量和类型会影响威胁感，从而影响个体后续的群际接触（Stephan W G，Stephan C W，Gudykunst W B，1999年），即接触经历不仅可以作为影响群际接触的前置变量，也可以作为群际接触影响偏见的中介变量。由于缺乏接触经历，个体对外群体的知识储备较少，不了解接触对象，以至于不知道该如何与外群体成员相处，也很难进行有效的自我表露。因此，两个来自不同群体的人在初次见面时都会有"不知所措"的表现，需要一定时间的适应性接触，获取相应的了解或经历，以便为进一步的接触奠定基础。有研究发现，想象接触对交往意愿的影响程度与个体以往的实际接触经历相关，即实际接触数量和质量越高，想象接触对接触意愿的影响就越大（Husnu S，Crisp R J，2010年）。这就说明接触经历确实能够作为前置变量影响新的接触，也能作为中介变量对群际接触与偏见产生影响。

群际焦虑属于情绪变量，群际偏见和接触经历属于认知变量，群际信任与自我评价（自信）水平属于个性特征，群际和谐是接触行为结果变量，他们之间的因果关系应该是一个循环模式。群体之间是否能够进行交往，最原初的影响因素就是族群成员所持有的对他群体的态度，即交往意愿。所有的群际交往都是以"愿意交往"为前提的，个体只有对群际接触持"愿意"态度，才有可能进行接触和交往。因此，群际焦虑不仅受到群际接触的影响，同时也受到其前置因素"接触意愿"的影响，且接触意愿越高，个体在群际接触过程中的焦虑水平就越低，他们之间存在显著的负相关（$r=-0.156$，$P<0.01$）。同时，接触意愿也会随着接触的深入产生变化，积极的接触效果可以提高进一步接触的意愿，消极的接触效果会进一步降低接触意愿。本研究的新发现对过去"接触影响偏见"的研究模式进行了前后延伸，向前延伸考察了"接触意愿""自信水平"等原初变量的影响，向后延伸验证了群际接触对群际和谐的影响机制。基于对以上各变量之间关系的梳理与分析，本研究建构了群际接触减少偏见、促进群际和谐的作用机制模型，具体见图4-11。该作用机制模型是在借鉴已有研究的基础上绘制而成。该模型的最大特点是在以往研究的基础上向前延伸考察了可能影响群际接触的前置因素，向后验证了偏见减少对群际关系的影响效应。研究结果表明，群际接触会受到前置因素的影响，并通过"情绪因素""认知因素""个性因素""行为因素"等中介变量的作用，对群际偏见和群际关系产生影响，而群际关系变化的结果又会对前置因素和群际接触产生进一步的影响效应。总的来看，群际接触减少偏见是一个较为复杂的作用过程，能否产生积极接触行为还会受到情绪、认知和个性等因素的影响。群际接触理论的基本假设是"无知产生偏见，接触增进了解与好感"。因此，接触的首要作用就是增进了解，并在彼此熟悉之后降低因陌生感而产生的群际焦虑，促使交往双方能够站在彼此的立场思考问题（即共情），提高群际信任感和个体的跨群体交际自信心。可见，各核心变量之间存在一个相互影响的循环结构模型。

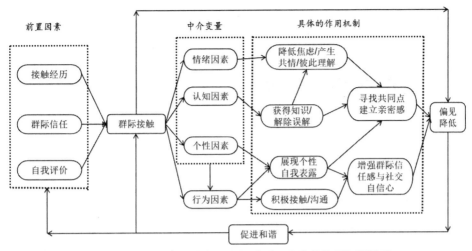

图 4-11 群际接触减少偏见、促进群际和谐的作用机制模型

四、研究小结

（一）群际接触可以有效降低群际焦虑，增强群际信任感。

（二）群际接触对减少群际偏见和促进群际和谐具有显著的直接效应。

（三）个体自信水平能够显著影响群际和谐，但对群际接触影响不显著。

（四）群际焦虑、接触经历和群际信任在群际接触与群际偏见之间具有显著的中介作用。

（五）群际焦虑、群际偏见、自我评价（自信）和群际信任在群际接触与群际和谐之间具有显著的中介作用。

（六）群际接触受到接触经历、群际信任和自我评价（自信）等前置因素的影响，同时情绪因素、认知因素、个性因素和行为因素是群际接触影响偏见与群际和谐的中介影响因素，主要通过情绪和认知两条路径实现影响。

第五章

铸牢高职生中华民族共同体意识的研究

当今世界正处于百年未有之大变局，西方反华势力"亡我之心不死"，针对我国挑起贸易战，滥施"长臂管辖"，不断试图破坏中国的稳定局势，这是对中国内政的公然干涉，必须给予高度重视。因此，习近平总书记一再强调"打铁还需自身硬"，我们在面对各种外来风险和挑战的过程中，需要不断增强自身"内功"，凝聚力量，用14亿中华儿女的坚强意志筑起新时代的钢铁长城来抵御一切风险挑战。新时代加强青年学生中华民族共同体意识教育，铸牢其中华民族共同体意识，这不仅是落实立德树人根本任务的要求，更是关乎国家安定团结和民族振兴的重大课题。高职生是国家建设的重要后备军，但由于他们的思想意识还尚未完全成熟，极易受到各种极端思想的蛊惑。本部分以铸牢中华民族共同体意识为主题，重点探讨高职生中华民族共同体意识的心理结构，并通过编制心理评估问卷来考察高职生中华民族共同体意识的现状特征和影响因素、教育现状等。

第一节　研究概述

一、研究背景

党的十八大以来，习近平总书记就加强中华民族交往交流交融多次作出重要指示。铸牢中华民族共同体意识，推动各民族大团结就是新时代对"统一战线"思想的继承与发展，是实现中华民族伟大中国梦的群众基础。只有凝聚最广泛的共识，才能真正实现中华民族的伟大复兴。教育事业关系培养什么样的人、怎样培养人和为谁培养人这一根本问题，必须坚定高职生的理想信念，使其树立正确的国家观、民族观、人生观，引导高职生坚定理想信念，中华民族伟大复兴。

进入新时代以来，我国面临的国内外形势极为复杂，一些西方反华势力想方设法围堵我们，千方百计想阻止我们崛起，想通过政治观念、文化方式、价值信念等方面对年轻一代实施意识形态渗透。在我国的民族政策问题上，西方反华势力也是各种歪曲和制造事端，企图分裂中国的目的十分明显。当今世界，正值百年未有之大变局，各种不确定、不稳定性因素对我国的民族大团结造成的影响不可忽略，特别是西方反华势力和"三股势力"一直企图通过制造民族事端来影响民族大团结，破坏社会和谐与政治稳定。因此，开展以"铸牢中华民族共同体意识"为主题的相关研究，具有十分紧迫的时代意义。目前有关铸牢中华民族共同体意识的研究，国内学界的研究还不够深入，从理论体系的建构到实证研究数据的支撑都还有待完善，即使有一些零星的研究，也缺乏整理归纳和比较分析，特别是实证研究数据极为欠缺。可见，重视和强化民族团结进步教育研究，既有理论的时代感，也有实践的紧迫性。特别是高职生民族团结进步教育的实践工作，亟须解决目前所面临的各种问题和挑战，目前所面临的问题主要有以下几点：一是教育形式单一、活动频率低。有研究者调查发现，仅有13.7%的藏区中小学生提到学校开展过民族团结相关教育，且形式单一，大都以讲座为主。①二是民族政策普及的深度不够，学生对党和国家的相关民族政策不清楚，了解不全面。李宏伟（2016年）等人的研究发现，12—18岁青少年对民族政策"比较了解"的占30.9%、"不太了解"的占65.6%，18—30岁青年对民族政策"大部分知道"的占33.9%、"知道一点"的占53%。可见无论是青年还是青少年，对国家的民族政策都不甚熟悉。三是教育的主动意识不够，家庭、学校、社会三方在民族团结进步教育

---

① 李宏伟，金昱彤．少数民族地区青少年民族团结教育研究——以甘南藏族自治州为例［J］．甘肃高师学报，2016，21（8）．

方面的主动意识不强、配合不够。四是民族教育体系不健全，缺乏统一的标准和课程体系。

在党中央大力倡导"铸牢中华民族共同体意识"的背景下，加强高职生群体的民族团结进步教育，探索建构高职院校加强民族团结进步教育的理论体系和实践标准，对促进各民族交往交流交融、加强民族团结和铸牢中华民族共同体意识具有十分重要的理论和现实意义。

二、研究现状

（一）国外研究现状

查阅文献资料发现，国外鲜有关于"铸牢中华民族共同体意识"或"中华民族共同体"的研究成果，关于民族或族群交流交融的研究成果，多以"民族认同""共同体认同""国家认同"等形式出现。特别是族群认同、族群意识、族群身份、群际态度、群际信任、民族文化适应等内容较为多见（郝亚明，2017年），虽然这些研究未以民族共同体为题，但基本围绕民族认同展开。在社会心理学视角下，研究者主要探讨族群关系理论及其实践应用问题，族群认同理论、群际接触理论和文化适应理论在民族问题研究中具有较大影响（Aberson C L，Shoemaker C，Tomolillo C，2004年），如群际接触理论认为，群际间持有的消极态度和认知是群际冲突的主要原因，同时这种消极态度和认知也直接加深了彼此间的消极刻板印象，通过群际接触能够促进各民族成员间的沟通与了解，减少群际间的消极态度认知，以此来促进民族关系的积极发展（Vedder P，Wenink E，Van Geel M，2017年）。上述相关理论对铸牢中华民族共同体意识研究具有积极的借鉴价值，如近年我国民族关系研究中倡导的互嵌式社区构建，就是基于群际接触理论和文化适应理论等提出来的，这是适合中国民族关系发展的新型实践性理论（姜永志，2019年）。目前国外对民族共同体意识的相关研究比较系统、见解独到、成果丰硕，对我国构建民族大团结和铸牢中华民族共同体意识具有重要借鉴价值。但其研究视角相对狭隘，西方文化价值理念浓厚，对多元文化的分析及理解存在偏颇，容易造成曲解。

（二）国内研究现状

在中国知网数据库以"中华民族共同体意识"为篇名进行搜索，共获得相关文献1689篇，其中期刊论文1046篇、学位论文64篇、会议论文3篇、报纸510篇，时间为2014年12月30日至2021年9月14日，发文的详细情况见图5-1。我们对文献进行梳理后发现，目前的研究内容主要有中华民族共同体意识概念内涵、内容要素构成、实践路径等，具体以横向模块研究和纵向线性研究两种范式为主。

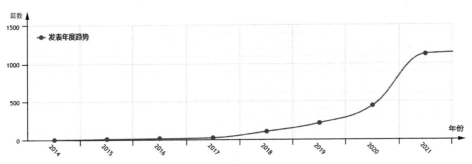

图5-1　2014~2021年以"中华民族共同体意识"为题的相关文献

1.关于概念内涵的探讨

中华民族共同体孕育于中华文明五千年的历史长河中，形塑于近代反对帝国主义和殖民主义的革命进程中，确定于中国特色社会主义事业的伟大建设中。"民族"一词作为舶来品于清末民初传入中国，后由梁启超首创"中华民族"概念，并指出"中华民族"是由"天下主义"和"华夷一统"的传统文化族群观发展而来。从朴素的"类族辨物"观到"中华民族共同体意识"的发展，中国民族观经历了由"自在"到"自觉"的历史性蜕变（平维彬、严庆，2017年；平维彬，2019年）。进入新时代后，关于"中华民族"的系统论述被提升到国家层面，习近平总书记多次提及"中华民族"和"中华民族共同体"等概念。中华民族从传统到现代、从多元到一体的逻辑演进，以中华文化的多元性为逻辑起点，以民族认同为价值取向。总之，中华民族共同体意识是在数千年历史积淀基础上形成的以共善生活为价值导向，具备共同复兴情怀的中国国民聚合体，它直接聚焦于全体国民，秉持共善价值规范，能够为推动全民复兴凝聚共识和力量（青觉、徐欣顺，2018年）。已有研究对概念内涵的探讨以纵向线性研究范式居多，倾向于将"中华民族共同体意识"回溯于中华文明发展的历史长河中，视其为一种不断积淀而形成的集体意识。回顾中华民族的发展史，也正是不断的迁移杂居、民族交融、经济互通、文化融合等过程逐渐奠定了各族人民命运共同体的基础条件。有学者指出，正是不同时期的诸多重大关键历史节点使中华民族共同体意识得以现实和强化，此类研究主要遵循"过去—现在—未来"的时间线索（平维彬、严庆，2017年；闫丽娟、李智勇，2018年；平维彬，2019年），主要探寻"中华民族共同体"的"前世今生"，对概念内涵的历史逻辑、文化逻辑、思想逻辑以及对概念边界的确定都具有重要意义。

2. 关于内容要素的研究

目前关于共同体意识内容构成要素的一般性学理分析还比较少见，主要是参考意识形态、民族意识、集体认同、国家认同等的相关研究。青觉等人认为具有共同特性的集体意识都具有辨识归属、同一延续、行为期许三个一般性的构成要素，由此延伸到中华民族共同体意识就是各族人民的中国认知体验、中国价值信念和中国行为意愿，中国认知体验是各族人民理解与认知的共同印象，是关于中华民族共同体最基础的知识和认知；中国价值信念是由各族人民承袭和共创的共善情怀，它沿袭于民族的历史积淀和当前各族人民的共同理想；中国行为意愿是各族人民期望和实践的共同意志（青觉、徐欣顺，2018年），比如实现人民有信仰、民族有希望、国家有力量，物质和精神都极大丰富的伟大中国梦就是一种全民期许，而当下全民奋战乡村振兴和全面建设社会主义现代化国家的场景就是一种共同体意志的实践。总之，关于内容结构要素的研究以横向模块化研究为主，这种研究范式倾向于将"中华民族共同体意识"拆分为多个并列的模块，每一个模块都是构成"中华民族共同体意识"的维度和线索。比如根据与人们生产生活相关的政治、经济、文化、社会等要素可以划分为政治共同体、经济共同体、文化共同体、社会共同体等（朱碧波，2016年）。此外，还可以进一步衍生出更具体的线索，比如政治共同体可演变为国家共同体，经济共同体可演变为利益共同体，文化共同体可以演变为历史共同体等。就中华民族共同体而言，基本涵盖以上共同体模块，其中政治模块的国家共同体意识与文化模块的精神共同体意识是公认的核心要素（刘继昌、金炳镐，2017年）。这类研究主要探讨"中华民族共同体意识"的组成要素，即中华民族共同体意识的内容构成有哪些。这对开展中华民族共同体意识培育具有重要的理论指导价值，可以为铸牢中华民族共同体意识提供清晰的实施路径。

3. 关于实践路径的研究

对"中华民族共同体意识"概念内涵及内容构成要素的探讨主要回答"怎么来的"和"是什么"的问题，这时候它是一个有待诠释的自变量，并能够从构成要素的维度对其所承载的内容展开学理分析（青觉、徐欣顺，2018年）。而当讨论"铸牢中华民族共同体意识"的时候，则意味着转换了视角，之前的"中华民族共同体意识"将变成一个有待改变的因变量，即采用什么方式、途径或程序能够让它变得更牢固。基于此，很多研究者进行了卓有成效的探索。比如李尚旗（2019年）提出"要强化对中华民族历史的正确认知与认同，增强对中国共产党的政治认同，实现各民族共同繁荣发展"。洪盛志（2018年）等人提出从认同维度培育中华民族共同体意识，具体是"以历史观教育来增强历史认同，以社会主义核心价值观教育增强文化认同，营造良好环境以强化情感认同，构建民族团结教育体系以强化行为自觉"。焦敏（2017年）提出从高校民族团结教育维度来加强"中华民族共同体"认同意识教育，增强正确的祖国观、历史观、民族观教育，使大学生牢固树立中华民族命运共同体意识。骆育芳（2017年）认为大学生中华民族共同体意识培育应从社会、高校、家庭、个体四个维度开展，社会应广泛开展宣传普及教育，高校要不断创新培育的途径载体，家庭要重视培育环境和氛围的营造，大学生要增强践行中华民族共同体意识的自觉性。商爱玲（2018年）提出要"发挥高校思想政治理论课的主渠道作用，提升校园文化和社会实践活动对大学生思想的感染力，打造铸牢中华民族共同体意识的网络平台"。蒋文静等人（2020年）认为要理清教育的逻辑层次，分阶段、有区别地对各学段学生实施教育指导，其中小学以下阶段启蒙共同体意识、孵育爱国情感；初中教育阶段强化共同体认知、激发共同体情感；高中及中专教育阶段树立价值理性、增强共同体认同；大学教育阶段践行共同体意识、实现知行合一。还有学者提出要加强跨群际交流交融、培养跨族群友谊（孙琳，2020年；管健，2020年）。诸多研究者虽然对铸牢中华民族共同体意识的路径进行了全面探讨，但几乎都是理论探讨，缺乏具体的实证调查数据与经验总结，宏观政策解读较多、微观实证研究较少，而实践恰恰是完善和检验理论构想最好的途径。

（三）文献简评及问题提出

已有的研究为理解中华民族共同体意识提供了丰富的文献资料和基础知识，对后续研究具有重要的启发意义。但综述已有研究发现还存在以下几点不足：一是对核心概念的界定还比较模糊，这容易导致研究边界不清晰，内容和结果片面化。二是对中华民族共同体意识内容构成要素的界定不够明晰和规范，缺乏实证数据支撑。三是研究方法单一，质性理论探讨较多，量化实证研究较少，缺少方法的多元性和多学科的交叉性研究。四是铸牢中华民族共同体意识的实践路径不够清晰，缺乏具体和可操作性实践经验总结，多数研究提出的方法、路径和策略都比较宏观，缺少聚焦性和针对性，可操作性不强。五是评估研究不够，铸牢中华民族共同体意识是一个复杂的系统工程，要重视对创建民族团结及"铸牢"实践工作指标的评估（雷振扬、兰良平，2020年）。建立科学的评估指标体系、开发评估工具、规范评估方法是实施有效教育的前提。基于此，本研究在综合政治、民族、教育、心理学等学科理论的基础上，重新梳理、界定中华民族共同体意识的核心概念及构成要素，并对贵州省各地区的高职生中华民族共同体意识及教育开展研究，旨在为铸牢贵州省各民族高职生中华民族共同体意识提供具有较强操作性的教育实施方案，进而丰富高职生爱国主义和思政教育理论体系。

三、核心概念的界定

（一）中华民族

"中华民族"的概念并非古已有之，最早是由梁启超于1902年将舶来品"民族"与"中华"首次合并而成，用于泛指华夏大地的各族统一体，"中华"赋了这个概念疆域边界和历史文化元素（王明珂，2020年）。到辛亥革命时期，以孙中山为首的资产阶级革命党人提出了"五族共和"和"大中华民族"等概念，但这些概念始终没有完全放弃对一个血同源、人同种、文化同质的"中华民族"的追求，并被局限于民族、国家与血缘、种族和文化等列的"国族"思想（王柯，2020年）。中华人民共和国成立以后，政府对在中国境内生活的各个世居民族做了认定登记，共登记了56个民族，并对"中华民族"给出了准确的官方定义：中华人民共和国境内获得认定的56个民族的统称，这是中国现代民族的共同体名称。

（二）中华民族共同体意识

中华民族共同体的形成具有历史性，也有现实性，作为一个具有超大规模的国家，从内部看，她是一个独立的体系，从外部看，她是现代世界秩序的海陆枢纽。作为体系的中国，内在地包含了海洋、大陆、海陆枢纽/中介等世界秩序的三大要素，通过历史的演化和现代的整合，凝聚成一个共同体是中华民族发展史的必然结果（施展，2020年）。因此，党的十八大以来，党中央高度重视民族大团结和培育中华民族共同体意识。2014年5月，习近平总书记在第二次新疆工作座谈会上首次提出"中华民族共同体意识"的概念，2017年10月，"铸牢中华民族共同体意识"被写进十九大报告和党章。之后，学术界对此展开了深入探讨和研究，也形成了诸多研究成果。但由于研究者学术背景和研究视角的差异性，学界对这个概念的界定还难以统一。综合目前已有的研究来看，主要存在三种观点：一是基于民族学视角的界定，认为"中华民族共同体意识"是对中国境内被登记认定的56个民族认同的民族观；二是基于心理学视角的界定，认为"中华民族共同体意识"是对中华民族共同体认同的心理意识；三是基于政治学视角的界定，认为"中华民族共同体意识"是对中华人民共和国认同的国家观（曾禹彬，2020年）。综合以上各种视角的界定，本研究将中华民族共同体意识概念界定为：生活在中国境内的56个民族成员对自己作为中华民族共同体成员身份归属的辨识、价值信仰的延续以及对共同体行为的期许与认同。身份归属辨识是对自己作为共同体成员的相关基础知识体系的阐释和体验；价值信仰的延续是对自己所属族群共同体历史脉络的承袭，起到连贯同一性的作用；而行为期许则是对族群共同体行动方向和生命力的认同。

四、研究意义

（一）理论意义

理论意义主要表现在两个方面：一是对深入开展马克思主义民族观宣传教育，促进高职生群体树立正确的民族观、国家观和文化观，不断继承和发展马克思主义民族观具有重要意义。二是为当今中国着力构建民族大团结、铸牢中华民族共同体意识提供理论参考。

（二）实践意义

实践意义主要表现在以下三个方面：一是有助于提升高职生民族团结进步教育水平；二是有助于民族大团结，促进各民族之间的交往交流交融；三是有助于凝聚民族共识，为实现"两个一百年"奋斗目标及伟大中国梦凝聚强大力量。

五、研究目标

旨在建立一套能够有效反映中华民族共同体的知识及评估体系，为铸牢各民族高职生中华民族共同体意识提供可行性培育方案。当前，铸牢中华民族共同体意识的培育要素、路径和评估体系尚未完善，亟须一套培育理论体系能够对现实的共同生活提供足够的解释力和建设性意见，进而增强民族交往交流交融，促进各民族和谐共处。

六、研究内容

研究一：基础文献研究。采用文献研究的方式，重新梳理中华民族共同体的文化逻辑、历史逻辑和思想逻辑等，为中华民族共同体概念的界定，以及内容结构要素的构建提供理论基础。

研究二：开发评估工具。采用质性研究和量化研究的方式，根据拟定的操作性概念，探索中华民族共同体意识的构成要素，以确定中华民族共同体意识内容构成要素的理论架构，编制"高职生中华民族共同体意识评估量表"并实施调查，利用调查数据检验和修正该理论构想的合理性。

研究三：教育现状调查。利用开发的"高职生中华民族共同体意识评估量表"对高职生进行调查，以评估他们的中华民族共同体意识教育现状，为改进教育措施提供数据参考。

七、研究方法

（一）研究对象

本课题的研究对象为贵州省境内高职生及其家长和老师，具体调研人数为：高职生2000人，教师和家长500人。重点调查高职生群体的中华民族共同体意识现状，成年人群体对铸牢中华民族共同体意识的态度、教育意识以及民族团结教育经历等。

（二）基本思路

1. 研读习近平总书记关于民族团结进步教育的系列重要讲话、党和政府的相关会议及文件精神、已有研究文献等资料，确定课题研究的内容及对象。

2. 采用质性研究和量化研究的方式，探索和验证高职生中华民族共同体意识的理论构想，编制"高职生中华民族共同体意识评估量表"，并在贵州的黔东南、黔西南、黔南等地实施调查，计划调查高职生2000人、教师及家长500人。然后，利用所得数据检验理论构想的合理性及量表的信效度。

3. 利用所编心理测评工具，考察高职生中华民族共同体意识及教育现状。

（三）研究方法

1. 文献研究法：利用学术数据库，查阅和借鉴已有研究成果，梳理中华民族共同体的文化逻辑、历史逻辑和政治思想逻辑，界定核心概念，确实研究内容。

2. 开放式问卷调查：结合文献研究成果，拟定开放式调查提纲，重点调查教师、家长、高职生和专家对中华民族共同体意识内容构成要素及铸牢中华民族共同体意识培育路径等问题，确定中华民族共同体意识构成要素的理论模型。

3. 问卷调查法：根据前期研究成果编制"高职生中华民族共同体意识评估量表"并实施问卷调查，利用调查数据检验中华民族共同体意识构成要素的理论模型，为铸牢高职生中华民族共同体意识的培育方案提供理论依据和数据参考。

4. 统计分析法：主要采用 SPSS 23.0 和 Amos 23.0 统计软件处理调查数据。

第二节　高职生中华民族共同体意识评估问卷的编制

一、方法与过程

（一）开放式调查

1. 调查提纲

根据文献研究及核心概念界定，基于内容要素视角，编写了开放式调查问卷提纲，问卷核心内容只有一条："请问您觉得'中华民族共同体意识'的基本要素有哪些？"调查旨在了解成年人对"中华民族共同体意识"构成要素的理解情况，以便为高职生中华民族共同体意识评估量表的编制提供实证参考。

2. 调查对象

此次调查的对象主要有来自贵州省各行业的成年人84名，其中男性50人、女性34人，育有1孩以上的家长69人，教师46人（其中幼儿园教师6人、小学教师13人、初中教师9人、高中教师11人、大学老师7人）；高职生50人，女生22人、男生28人。

3. 结果分析

采用内容分析的方法，仔细阅读每位被试的回答，经过编码、分类和统计三个步骤完成结果分析，详细结果分类见表5-1。

表5-1　开放式调查内容分析结果

具体内容	归纳定义
国家认同感3/ 爱国爱家/ 热爱祖国的情怀/ "一个中国"原则/ 爱国精神3/ 国家认同意识/ 爱国主义2/ 祖国统一/ 国家认同/ 爱国6	国家认同意识
同文化/ 认同民族文化5/ 文化自信/ 核心价值观/ 文化认同/ 中华文化认同意识/ 民族文化传承8/ 中华文化的认同7/ 构筑共有精神家园/ 共同的历史文化4/ 对传统文化的认同/ 文化传统/ 具有中华民族历史文化联系/ 汉字、普通话、书法	文化认同意识
加快发展、缩小差距/ 提高少数民族自我发展能力，加强帮扶支援/ 确保全国各族人民能实现全面小康、共同价值追求、共同物质基础、共有精神家园/ 发展的意识3/ 共同繁荣富强/ 共同发展，共同富裕、共同抵御外来入侵/ 生活方式5/ 教育、医疗、节约、资源和环境等/ 国家富强2/ 人民健康/ 经济3/ 竞争与奋斗的意识/ 稳定的经济活动特征	发展现状意识
同命运、同目标、同方式/ 政治制度/ 坚持中国特色社会主义道路/ 共同的理想信念，共同的价值观/ 思想意识、行动意识、创新意识/ 政治3/ 共同的信仰/ 社会主义核心价值观/ 社会制度	制度认同意识
对党的认同/ 坚持党的领导/ 维护党的领导/ 发挥党的作用/ 中国共产党的领导7/ 认同中国共产党6/ 重视中国共产党的历史教育	党的认同意识

续表

具体内容	归纳定义
认同国家法律／社会责任感／责任感、使命感／国民身份认同／共同身份认同／仁和、责任、正直／团结、友爱／担当／敬业／诚信／自强坚韧	公民身份意识
团结起来，相互学习，相互分享，共同发展／与其他成员联结感／集体认同／互爱／团结／民族交流接纳价值观／相互和谐	团结互助意识
同根（同源）／民族团结6／民族独立／民族文化交流／民族意识5/民族自豪感	民族认同意识
大局意识／大局观／国家利益、民族利益高于一切／对世界局势的理解／对内地及港澳台一体的认同／集体主义	集体主义意识
中国人／中国／地域／心理素质的综合体／情感／共同的心理／不知道／说不太清楚	其他

注：词条后面的数字表示完全相同的词条同时出现的次数。

从表5-1可见：此次调查共搜集到了10个方面的内容，分别是国家认同意识、文化认同意识、发展现状意识、制度认同意识、党的认同意识、公民身份意识、团结互助意识、民族认同意识、集体主义意识和其他。

（二）中华民族共同体意识的理论建构

中华民族共同体意识是一种集体意识，表现为中国公民对中国元素的集体目标、信念、价值与规范等元素的认识与认同，是一个比较复杂的多元性概念集合。由于目前少有研究对其进行详细的学理分析，仅有的研究中也存在较大分歧，因此只能从过往有关国族认同、政治认同、意识形态等的研究中获得启发。如阿皮亚（2013年）在研究认同伦理学时指出集体认同一般分为指向归属、信仰内化和行为模式。艾尔默德（2014年）认为，政治文化认同是一个国家的民族在某个历史时期认同并接纳的一套政治态度、信仰和情感，包括认知取向、情感取向和态度取向三种要素。此外，国内也有学者对此展开过相关研究，如江宜桦等人（1998年）在研究国族认同时，将身份认同要素归纳为相同同一、辨识归属和赞同同意三个维度。宋涛（2002年）等人在研究民族意识的时候，提出民族意识主要包括知识信念、意志信念和决策信念三个维度。陈明明（2011年）、何怀远（2001年）等人则认为任何意识形态都包含认知辨识、价值信仰和行为决策三种相互关联的要素，它们互为依托，缺一不可。

综上可知，任何集体性意识形态几乎都包含了认知态度、价值信念、行为决策三个方面的内容要素。因此，根据文献研究及开放式问卷调查结果，本研究拟将中华民族共同体意识的内容要素建构为中华民族的认知辨识、中华民族的价值信仰和中华民族的行为期许三个维度。

1. 中华民族的认知辨识

认知辨识是构成中华民族共同体意识的基础性知识，因为良好的知识素养更有助于培养个体的共同体意识，让个体更清晰地知晓自己的属性，它主要包含描述性要素和评价性要素两个核心成分（青觉、徐欣顺，2018年）。描述性要素主要指共同体的知识体系，即个体对其属于哪个族群的一些基本知识、内容和观念等，比如对本群体历史渊源、内部构成、代表性仪式与符号（如龙图腾）、风土人情、民族精神等内容的认知（左斌、秦向荣，2011年），它主要通过家庭、学校、媒体和社会等途径实现知识的传递，最后形成各族人民自觉的知识体系。评价性要素主要指关联群体内各成员对现实生活质量状况的体验与感受（周晓红，2011年）。基本的共同体知识体系有时候难以真正普及化，但却能够对现实的生活质量状况做出比较，群体成员会将自己的生活现状与其他成员进行比较，如果大家的现状都比较好且差异不大，则该群体的凝聚力就会增强，反之则有可能导致矛盾甚至分裂。因此，当描述性的知识供给与评价性的现实体验之间差距较大时，就有可能导致负面的共同体印象（青觉、徐欣顺，2018年），产生社会失衡性矛盾，进而影响民族大团结。可见，认知辨识要素应包含对中国历史发展的知识体系储备和当下中国现实社会发展状况的体验与感受，其主要作用在于使个体对自己作为中华民族成员的相关知识体系有认知与辨识。因此，个体对祖国、民族和文化的认同意识属于描述性要素，因为这些要素是构成个体觉知自己属于哪个群体的基础性知识体系，而个体对现实生活状况的体验与比较则属于评价性要素，这种对现实的体验与比较渗透于个体对民族、文化和国家的感情中。

2. 中华民族的价值信仰

价值信仰是一种精神延续要素，任何共同体意识都必须具备成员公认和信仰的普世性元素。一方面它是群体历史发展的精神价值沉淀，能够使群体成员获得超越延续性的信念，提供积极向上的共同关怀和引导；另一方面它也能够使内群体成员之间实现彼此连续贯通，具备超越特定成员的同一性特征，进而增强内群体的凝聚力。因此，就中华民族而言，各民族之间必须要有一个普世性的道德伦理规范和价值信仰作为精神核心，以便整个民族能够更好地传承历史根脉和创造新的生机（青觉、徐欣顺，2018年）。在很长一段历史时期，以儒家文化为代表的中华文化扮演了这一角色。传承历史根脉是指作为中华儿女的个人要承袭中华民族在历史发展过程中所形成的优秀历史文化、民族记忆、各族交往交流交融经历及共同形成的精神遗产等。创造新的生机则是指进入现代民族国家后，中华民族成员应该具备的公共关怀信念（青觉、徐欣顺，2018年），其中核心是中华民族成员关于自我身份属性的认识与自觉，即从"臣民"到"公民"的演进与自觉过程。"公民"自觉身份的演进与完成，对实现新时代公共精神与社会规则意识具有重要意义。因为"只有在养成把别人和自己都同样当作共同体成员的思维习惯后，才能更好地把别人当作公民善待"（高丙中，2008年），才能促进群体凝聚力，真正实现民族大融合和大团结。因此，现代公民意识的培养与自觉，将有助于增强中华民族的凝聚力，进而对铸牢中华民族共同体意识具有积极影响。可见，增强高职生社会主义核心价值观的培育，对铸牢其中华民族共同体意识和价值信仰具有重要的理论和现实意义。

3. 中华民族的行为期许

行为期许是指群体的整体行动方向、路线和意志，以及群体成员的责任、担当等。它是共同体意识的实践要素，缺少行为期许，共同体意识就会失去方向感和生命力。因为任何族群都不可能一直躺在历史的"账本"上自动"进化"，只有不断精进和探索，才能使历史文化获得传承，才能使族群获得生机。因此，中华民族共同体意识不会也更不可能永远停留在静止和"吃老本"的状态，需要借助强有力的推手和正确的行动方向实现新的发展。中国共产党和中国特色社会主义刚好是中华民族发展的核心推力和前进方向。中国共产党能够成为凝聚中华民族共同体意识的核心力量，成为领导中国革命和中国特色社会主义建设事业的核心，是中华民族经过长期探索，在认同的基础上做出的正确历史性选择。

当前，我国正处在努力实现"两个一百年"奋斗目标及伟大中国梦的关键阶段，实现中华民族伟大复兴就是中华民族共同体意识在行为期许上的具体体现。在中国共产党的坚强领导下，中华民族的伟大复兴正逐步实现，各族人民已形成广泛认识：拥护党、认同党、热爱党的思想意识已成为中国人民的共同体意识。而中国走社会主义发展道路，也是中华民族在历经百余年血与火的磨难之后做出的正确选择。因此，认同中国共产党的领导和认同中国特色社会主义发展道路就是中华民族的行为期许，这两点也是中华民族共同体意识的核心要素，具有历史必然性，因为这是确保我们能够不断前行和始终保持正确方向的核心要素。

综上分析，基于中华民族共同体意识构成要素的视角，我们将中华民族共同体意识的内容要素建构为三个一阶维度和七个二阶维度模型，具体见图5-2。

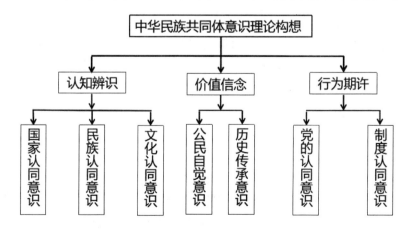

图5-2　中华民族共同体意识的理论构想

（三）项目编写

首先，根据国内外相关研究文献资料及开放式问卷调查结果，界定中华民族共同体意识的操作性概念和理论构想维度。其次，根据操作性概念及理论构想，编写了70个初测项目。项目编写好之后，将项目内容分别发给5位同行专家和10位心理学研究生阅读，然后根据大家的建议修改问卷内容。问卷采用Likert自评式5点量表法，从1表示"完全不符合"到5表示"完全符合"。

（四）问卷施测

1. 调查对象

调研对象主要是贵州省黔东南、黔南、黔西南以及其他地市的高职学生，共进行了两次施测。第一次共调查了650名被试，获取有效数据609份，有效回收率为93.69%。第二次共调查了400名被试，获取有效数据367份，有效回收率为91.75%。

2. 调查方法

受新冠肺炎疫情的影响，课题组成员不便进入学校实施调研。因此，此次调研先是线上培训各地教师，然后由本地教师利用课余时间组织学生以填写问卷的形式完成调研。

3. 统计工具与方法

采用SPSS 23.0和Amos 23.0对调查数据进行项目分析、探索性因素分析、验证性因素分析和信效度检验等。

二、结果分析

（一）项目分析

一是计算各项目得分与总分的相关系数，二是检验问卷总分的高分组与低分组的差异是否显著。若两个指标都达到显著水平（$P<0.05$）就保留该项

目，反之则删除。结果见表5-2，第22、27、30、46、47共5个项目不符合条件被删除。

表5-2 初测数据项目分析结果（*n*=609）

项目	r	t	项目	r	t	项目	r	t	项目	r	t
13	0.552**	14.822**	31	0.696**	18.058**	49	0.599**	14.016**	67	0.716**	18.213**
14	0.521**	10.820**	32	0.645**	16.105**	50	0.727**	16.021**	68	0.800**	19.740**
15	0.436**	12.694**	33	0.737**	17.125**	51	0.709**	14.027**	69	0.773**	17.872**
16	0.578**	12.329**	34	0.587**	15.274**	52	0.617**	14.741**	70	0.560**	15.849**
17	0.583**	12.989**	35	0.654**	19.237**	53	0.706**	14.561**	71	0.774**	17.407**
18	0.625**	13.103**	36	0.771**	20.134**	54	0.751**	15.564**	72	0.713**	19.953**
19	0.507**	12.108**	37	0.696**	15.017**	55	0.740**	14.268**	73	0.709**	19.488**
20	0.567**	13.435**	38	0.564**	15.503**	56	0.766**	17.886**	74	0.776**	17.932**
21	0.408**	11.108**	39	0.771**	18.103**	57	0.692**	16.569**	75	0.756**	19.433**
22	0.074	0.345	40	0.782**	17.693**	58	0.644**	14.123**	76	0.788**	17.496**
23	0.311**	7.997**	41	0.657**	17.151**	59	0.643**	16.445**	77	0.718**	20.486**
24	0.515**	13.617**	42	0.745**	18.477**	60	0.381**	10.404**	78	0.762**	19.648**
25	0.453**	11.823**	43	0.672**	15.286**	61	0.504**	16.028**	79	0.689**	18.617**
26	0.723**	17.415**	44	0.497**	12.396**	62	0.599**	17.724**	80	0.713**	18.610**
27	0.146*	2.762	45	0.556**	13.531**	63	0.534**	16.930**	81	0.772**	21.022**
28	0.633**	16.796**	46	0.026	0.275	64	0.755**	17.991**	82	0.738**	14.106**
29	0.676**	17.422**	47	0.086	1.950	65	0.743**	16.151**			
30	0.080*	3.399	48	0.657**	17.162**	66	0.550**	11.694**			

注：前12题为人口学调查变量。

（二）探索性因素分析

通过 Bartlett 球形检验及 KMO 的方式，对剩余的项目进行探索性因素分析，结果显示：KMO＝0.973，卡方值为30096.434，Sig＝0.000，数据适合做因素分析。运用主成分法实施因素分析，提取符合如下条件的因子：①特征值大于1；②因子载荷值大于0.4；③非多重负荷；④因子项目数大于3。选取Promax 斜交法，提取符合以上条件的8个因子，但由于第六、第七个因子存在多重负荷，第八个因子只有2个项目且全部存在多重负荷，故只提取前5个因子共46个项目，方差累计贡献率为61.912%。其中多重负荷的项目有18个。从各因子项目内容来看，分别将5个因子命名为政治认同意识、公民自觉意识、文化认同意识、国家认同意识和民族认同意识。其中，文化认同意识和历史传承意识聚合为一个维度，命名为文化认同意识；对中国共产党和中国特色社会主义制度的认同意识聚合成一个维度，命名为政治认同意识，且该维度的方差贡献率大于其余4个因子的方差贡献率总和。这说明了对中国共产党和中国特色社会主义制度的认同意识是"中华民族共同体意识"最重要的构成要素这一理论构想，得到了充分的实证数据支撑。详细结果见表5-3。

表5-3 初测数据探索性因素分析结果（n=609）

	W1		W2		W3		W4		W5	
	项目	负荷	项目	负荷	项目	负荷	项目	负荷	项目	负荷
	69	0.504	50	0.691	31	0.682	13	0.771	23	0.955
	71	0.599	51	0.907	32	0.801	14	0.787	24	0.637
	72	0.581	52	0.956	33	0.906	15	0.690	25	0.656
	73	0.652	53	0.976	34	0.720	16	0.817	26	0.584
	74	0.742	54	0.793	35	0.755	17	0.821	28	0.496
	75	0.870	55	0.788	36	0.871	18	0.803		
	76	0.790	56	0.762	37	0.673	19	0.771		
	77	0.927	57	0.776	38	0.817	20	0.803		
	78	0.777	58	0.707	39	0.657				

	W1		W2		W3		W4		W5	
	项目	负荷	项目	负荷	项目	负荷	项目	负荷	项目	负荷
	79	0.879	59	0.488	40	0.464				
	80	0.693								
	81	0.733								
	82	0.538								
特征值	22.120		2.700		2.242		1.486		1.170	
方差率	46.084%		5.624%		4.671%		3.095%		2.438%	

注：W1表示"政治认同意识"、W2表示"公民自觉意识"、W3表示"文化认同意识"、W4表示"国家认同意识"、W5"民族认同意识"，下同。

（三）验证性因素分析

将探索性因素分析后留下来的46个项目重新编排并实施测试，所得数据将用于验证性因素分析。共检验了两种模型，结果发现，两种模型的指标均达到了统计学标准，但一阶七维度的模型拟合值要更好一些。具体结果见图5-3、5-4和表5-4。

表5-4　两种结构方程模型的拟合指标（ n=367 ）

模型	x^2	df	x^2/df	RMSEA	GFI	CFI	TLI	IFI
一阶模型	3164.004	1014	3.120	0.59	0.901	0.925	0.908	0.925
二阶模型	4574.935	1032	4.433	0.75	0.821	0.827	0.819	0.878

从表5-4可见：一阶模型的 x^2/df=3.120<5、 $RMSEA$=0.59<0.8，其他拟合指标均大于0.9，说明模型拟合很理想。二阶模型 x^2/df=4.433<5、 $RMSEA$=0.75<0.8，但其他拟合指标均小于0.9，说明模型欠佳。

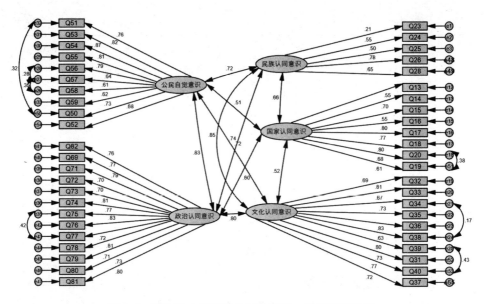

图5-3 高职生中华民族共同体意识一阶模型结构图

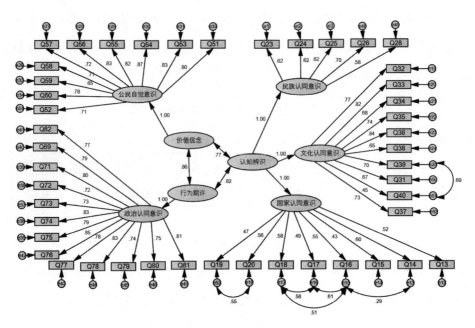

图5-4 高职生中华民族共同体意识二阶模型结构图

（三）信效度检验分析

从表5-5可见：各因子与总问卷的 α 信度系数在0.814—0.952，组合信度在0.851—0.936，信度良好。

表5-5 问卷信度系数（*n*=367）

信度类型	W1	W2	W3	W4	W5	Total
α 系数	0.920	0.926	0.836	0.868	0.814	0.952
组合信度	0.913	0.936	0.898	0.913	0.851	0.869

从表5-6可见：各因子与问卷总分之间为中等以上显著相关，而各因子之间为中等以下显著相关。结合模型验证分析结果可知，该问卷结构效度良好。

表5-6 相关系数矩阵（*n*=367）

	Total	W1	W2	W3	W4	W5
Total	1.000					
W1	0.867**	1.000				
W2	0.845**	0.443**	1.000			
W3	0.871**	0.449**	0.487**	1.000		
W4	0.653**	0.491**	0.404**	0.429**	1.000	
W5	0.792**	0.487**	0.356**	0.299**	0.485**	1.000

注：Total 表示问卷总均值，下同。

三、讨论分析

（一）中华民族共同体意识评估问卷的结构

中华民族共同体意识作为一种集体意识，它具有丰富的概念内涵、结构要素和实践逻辑（觉青，2018年）。因此，铸牢中华民族共同体意识是一项复杂而持久的系统性工程，需要做大量的基础性工作，对中华民族共同体意识理论结构的探讨及测量工具的开发则是最基础的工作。从逻辑上看，在尚未理清中华民族共同体意识是什么、如何形成和有什么作用等问题的情况下，就大谈铸牢中华民族共同体意识是不实际的（觉青，2019年），会影响铸牢中华民族共同体意识的顺利进行和实际成效（于衍学，2019年）。为此，相关学者对中华民族共同体意识的结构层次进行了卓有成效的研究。其中以费孝通先生（1999年）的"中华民族多元一体格局"理论最具代表性和影响力，他认为"中华民族"是当代中国56个民族的总称，56个民族各具特色，体现一种"多元性"，另一方面，又认为中华民族是一个自觉的民族实体，即"一体性"。此后，很多研究者在费孝通先生的基础上又进行了广泛尝试，如王云芳（2020年）基于纵向社会结构视角指出共同体意识需要从"个体意识和民族意识"两个角度凝聚为中华民族认同意识；王希恩（2019年）从文化认同视角将中华文化认同划分为民族自我认同、民族间相互认同和中华民族认同三个结构层面，张小军（2020年）则将这一视角扩展至所有的海外华人；于衍学（2019年）认为需要从实体认知、价值认知和路径认知三个维度建构中华民族共同体意识的理论体系；有学者将中华民族共同体意识划分为"群与己""他与我""一体共生"三个结构层次（祖力亚提·司马义、蒋文静，2021年）。此外，也有学者提出铸牢中华民族认同体意识研究的三个维度分别是"民族—民族"关系视角、"民族—国家"理论视角和"国家—民族"理论视角，这三种维度体现了"56个民族—中华民族—国家"的逻辑关系和主体层次，基础层次是民族关系发展，中间层次是中华民族构建，最高层次是现代国家治理，三者共同构成对铸牢中华民族共同体意识的整体性认识（乔姗姗、党垒、张继焦，2021年）。

综上可见，对中华民族共同体意识概念内涵及结构维度的探究始终是最基础的研究热点，重点需要回答"是什么"的问题，即首先认识它的构成要素及其承载的概念内涵，这时候它是一个待诠释的自变量。只有全面认清作为自变量的"中华民族共同体意识"，才能更好地实现"铸牢中华民族共同体意识"的视角转换，因为这时候它是一个有待改变的因变量。基于此，本研究通过文献研究、个案访谈、调查数据验证等步骤，完成了对中华民族共同体意识构成要素及结构维度的架构，最终确定了政治认同意识、公民自觉意识、国家认同意识、文化认同意识和民族认同意识五个维度。政治认同意识主要评估高职生对中国共产党和中国特色社会主义制度的认识、情感和行为指向情况；公民自觉意识主要评估高职生作为中华人民共和国"公民"对国家政治、经济、法律等活动的一种心理认同和理性自觉情况；国家认同意识主要评估高职生作为中国公民对自己祖国的认知以及对国家的构成要素，如政治、文化、族群等的评价和情感状况；文化认同意识主要评估高职生对中华文化认同的感觉程度；民族认同意识主要评估高职生对本民族及中华民族共同体的认同情况。

此外，从数据统计分析结果来看，原理论构想中的中国共产党认同和中国特色社会主义制度认同两个内容聚合为一个维度，且方差贡献率（46.084%）超过其余四个维度的方差贡献率总和（15.829%）。这至少可以说明两个问题：一是高职生群体对中国共产党和中国特色社会主义制度的认识具有高度的一致性；二是认同中国共产党和中国特色社会主义制度是构建中华民族共同体意识最核心、最重要的元素。因为只有中国共产党才具备凝聚中华民族共同体的"中国力量"，只有中国特色社会主义制度，才是中华民族发展前进的正确方向。中国特色社会主义制度是中国共产党坚持马克思主义基本原理，坚持实事求是，从中国实际出发，洞察时代大势，把握历史主动，进行艰辛探索与实践的成果。正如习近平总书记在庆祝中国共产党成立100周年大会上所说："中国共产党为什么能，中国特色社会主义为什么好，归根到底是因为马克思主义行！"可以说没有中国共产党，就没有中国特色社会主义制度。因此，对中国共产党的认同与对中国特色社会主义制度的认同能够聚合为一个因子，具有充分的理论渊源和实践证据。此外，从验证性因素分析的结果来看，各项拟合指标均已达到统计学标准，问卷的内部结构良好。可见，对中华民族共同体意识概念的界定及理论维度的构想既有理论基础，也有实证依据。因此，本研究对中华民族共同体意识概念和结构的理论构想是恰当的，能够准确评估高职生群体中华民族共同体意识的真实状况。

（二）中华民族共同体意识评估问卷的有效性

关于问卷的有效性，从理论构想到实证数据验证，都具有系统的证据支持。

首先，问卷是根据相关研究文献合理构建的理论结构并编写的项目词条，项目词条编写完毕之后发给15位心理学、民族学和思想政治相关学科专业人士审核修订，以使项目词义表达准确无歧义，保证项目的内容效度。

其次，使用调查数据确定和检验问卷结构。问卷编写完成之后，在贵州省境内对高职生进行测试，并将数据用于项目分析和探索性因素分析，复测数据进行验证性因素分析和信效度检验。结果显示，项目分析中有5个项目未达标而被删除，探索性因素分析显示 KMO＝0.973、Sig＝0.000、各因子项目的负荷值在0.464—0.976、共同度在0.454—0.797，提取5个因子共计46个项目，累计方差贡献率为61.912%。而验证性因素分析结果表明，结构方程模型的各项基本拟合值均达到心理测量与统计学标准（张卫东，2001年；侯杰泰，温忠麟，2004年），且各因子与总分之间存在中等偏高的相关（0.653—0.871），各因子之间都是中等偏低相关（0.299—0.491），这表明问卷因子项目之间既有区别又有联系，内部结构合理，结构效度良好。

最后，从稳定性和可靠性来看，问卷具有较好的信效度。利用所得数据算得各因子和总问卷的 α 信度系数在0.814—0.952，组合信度在0.851—0.936，一般组合信度在0.7以上就具有非常好的稳定性（吴明隆，2009年），说明该问卷具有良好的信度。

四、研究小结

该问卷的编制过程及效度检测结果符合心理问卷编制要求，具有较好的稳定性和有效性，可以作为高职生中华民族共同体意识的测量评估工具。

第三节 高职生中华民族共同体意识及教育现状

一、研究目的

本研究的主要目的是考察高职生中华民族共同体意识及其教育现状，探讨性别、年级学段、父母教养、家庭、学校和自我评价等相关因素对高职生中华民族共同体意识现状的影响，考察父母职业类型、学历水平、年龄等因素对铸牢高职生中华民族共同体意识教育的影响，以便为铸牢高职生中华民族共同体意识提供理论和数据支持。

二、方法与程序

（一）调查对象

此次调查对象有高职生和成年人两个组，高职生组主要在贵州省黔东南、黔西南和黔南三个地区采样，共采集有效数据2946份；成年人组在贵州省范围内进行采样，共采集有效数据556份。详细被试情况见表5-7。

表5-7 高职生和成年人被试分布情况

被试	性别		地区								
	男	女	黔东南	黔西南	黔南	贵阳	遵义	安顺	毕节	六盘水	铜仁
高职生	1495	1451	1722	628	596	0	0	0	0	0	0
成年人	214	342	78	42	26	204	36	66	30	38	36

（二）测量工具

1. 高职生中华民族共同体意识评估问卷

该问卷为本次研究所开发的标准化心理测评问卷，由5个因子组成，共计46题，采用5级评分法，从"完全不符合/认同"到"完全符合/认同"分别计1分到5分。探索性因素分析结果显示：KMO=0.973、Sig=0.000、各因子项目的负荷值在0.464—0.976、共同度在0.454—0.797，累计方差贡献率为61.912%。验证性因素分析结果显示：x^2/df=3.120、RMSEA=0.59、GFI=0.901、CFI=0.925、TLI=0.908、IFI=0.925。信度检验结果显示，各因子及总问卷的α信度系数在0.814—0.952，组合信度在0.851—0.936，问卷开发流程规范，结果符合心理测量与统计学的相关要求，问卷内在结构合理，具有较好的稳定性。此外，还设置了12道人口学变量测试项目，包括性别、学段、地区、自我评价、家庭教养方式等。

2. 铸牢高职生中华民族共同体意识教育现状调查问卷

该问卷是根据前期研究结果编写的，由两个部分组成，即人口学变量与核心调研内容，人口学变量主要调查性别、学历、职业、任教学段、年龄等，核心调研内容主要有铸牢高职生中华民族共同体意识教育意识的主动性程度、教育内容和教育方法三个方面。教育意识的主动性程度包含"从来没有这方面的教育""偶尔有，但不是有意识安排""比较多，部分是有意识安排""非常多，几乎是有意识安排"四个层次。教育方式及途径包含"加强国家通用语言文字教育""以文学艺术、影视歌曲等形式展现国家形象""学校增设中华民族交往交流交融史专题教育""家庭重视民族传统文化传承教育""社会/社区强化民族大团结宣传教育""中华民族共同体意识融入学校思政教育课程""通过宣传重大历史事件（如抗疫、脱贫攻坚等）增强民族凝聚力"七个方面内容。教育内容主要包含"对伟大祖国的认同教育""对中国共产党的认同教育""对中国特色社会主义的认同教育""对中华文化的认同教育""对中华民族的认同教育""对公民意识的培育""对社会主义核心价值观的教育"七个方面。

（三）调查方法

主要采用封闭式问卷调查的方式，通过"线上+线下"相结合的形式完成调研任务。成年人群体的采样是通过"问卷网"和"微信"等第三方平台实施的线上调研；高职生群体采用的是委托各地区老师实施现场测试。

（四）统计工具与方法

数据分析统计主要是使用SPSS 23.0和Aoms 23.0进行描述性统计、均值比较、独立样本t检验、单因素方差分析、相关分析、回归分析和路径影响分析等。

三、结果与讨论分析

（一）高职生中华民族共同体意识的现状分析

1.高职生中华民族共同体意识现状的总体描述

从表5-8可见：高职生中华民族共同体意识5个维度的得分与总均分都大于4，反映贵州省高职生中华民族共同体意识整体水平比较好。从各维度得分来看，从高到低分别是公民自觉意识、国家认同意识、政治认同意识、民族认同意识、文化认同意识。其中，民族认同意识的标准差偏大，数据分布相对离散，而且有40%的人都集中在"5分"区间，这说明大部分高职生对自己本民族和对中华民族的身份归属性都具有较高的认同感。此外，在"5分"区间，各维度都大于20%，这说明在贵州省高职生群体中超过1/5的人都具有较高的中华民族共同体意识。从总均分来看，贵州省高职生得分主要在"3<X<5"这个区间，比例高达98.1%，这说明贵州省高职生群体的中华民族共同体意识虽然比较理想，但进一步培育和提升的空间还很大，因为"5分"区间的被试量仅有1.3%。

表5-8　各核心变量总体描述统计结果（n=2946）

考察变量	Mean	SD	$1 \leqslant X < 3$		$X = 3$		$3 < X < 5$		$X = 5$	
			n	$\%$	n	$\%$	n	$\%$	n	$\%$
Total	4.445	0.401	15	0.5	3	0.1	2889	98.1	39	1.3
W1	4.508	0.597	57	1.9	69	2.3	2148	73.0	672	22.8

考察变量	Mean	SD	1 ≤ X < 3		X = 3		3 < X < 5		X = 5	
			n	%	n	%	n	%	n	%
W2	4.561	0.521	35	1.2	1.5	0.5	2084	70.7	812	27.6
W3	4.356	0.605	66	2.2	65	2.2	2168	73.6	647	22.0
W4	4.537	0.594	66	2.2	43	1.5	1964	66.7	873	29.6
W5	4.369	0.729	100	3.4	131	4.4	1536	52.5	1179	40.0

注：1表示"完全不符合 / 认同"；2表示"有点不符合 / 认同"；3表示"介于不符合与符合之间"；4表示"有点符合 / 认同"；5表示"完全符合 / 认同"。

2. 高职生中华民族共同体意识现状的差异分析

从表5-9可知：仅有 W3 文化认同意识存在显著性别差异（$P < 0.05$），其余各维度及总均分都不存在显著的性别差异（$P > 0.05$）。这说明高职生中华民族共同体意识并不存在显著的性别差异。

表5-9　各核心变量的性别差异分析结果（M ± SD）

	男生		女生		T	P
	Mean	SD	Mean	SD		
Total	4.438	0.432	4.451	0.365	−0.832	0.406
W1	4.497	0.610	4.519	0.584	−1.031	0.303
W2	4.554	0.555	4.567	0.484	−0.723	0.470
W3	4.378	0.632	4.333	0.575	2.035	0.042
W4	4.516	0.648	4.558	0.532	−1.917	0.055
W5	4.383	0.738	4.354	0.718	1.073	0.284

从表5-10可见：总均分和五个因子都存在显著的地区差异（$P < 0.05$）。从数据情况来看，黔西南的得分要显著低于黔南和黔东南，这说明各地区在强化民族团结进步教育和铸牢中华民族共同体意识教育方面还存在一定差距，需要进一步加强交流、相互促进。

表5-10 各核心变量的地区差异分析结果（M±SD）

	黔东南		黔西南		黔南		F	P
	Mean	*SD*	*Mean*	*SD*	*Mean*	*SD*		
Total	4.454	0.400	4.342	0.444	4.525	0.324	34.045	0.000
W1	4.534	0.574	4.460	0.673	4.482	0.573	4.251	0.014
W2	4.569	0.513	4.436	0.608	4.667	0.406	31.172	0.000
W3	4.359	0.572	4.240	0.729	4.471	0.523	22.593	0.000
W4	4.537	0.569	4.342	0.712	4.739	0.439	71.681	0.000
W5	4.351	0.715	4.253	0.838	4.541	0.605	25.507	0.000

从表5-11可知：W3文化认同意识不存在显著的年级差异（$P>0.05$），其余因子和总均分都存在显著的年级差异（$P<0.05$）。从具体的得分情况来看，除W3文化认同意识外，各因子和总均分都是大三生显著高于大二生和大一生。此外，从事后检验可知，大三生和大二生的得分会显著高于大一生，这就说明随着年龄或学段的提升，高职生的中华民族共同体意识也会有所增强，这其中除了相应的教育教学作用之外，是否还有个体年龄变化的作用存在，还需进一步检验。

表5-11 各核心变量的年级差异分析结果（M±SD）

	大一		大二		大三		F	P
	Mean	*SD*	*Mean*	*SD*	*Mean*	*SD*		
Total	4.430	0.423	4.437	0.437	4.522	0.309	23.933	0.000
W1	4.416	0.650	4.586	0.560	4.605	0.498	34.589	0.000
W2	4.549	0.526	4.503	0.596	4.624	0.436	10.576	0.000
W3	4.367	0.608	4.329	0.663	4.357	0.548	0.935	0.393
W4	4.494	0.602	4.401	0.696	4.715	0.429	61.265	0.000
W5	4.328	0.752	4.378	0.764	4.432	0.654	5.579	0.004

从表5-12可见：问卷总均分和各因子得分在家庭教养方式上都存在显著差异（$P<0.01$），从具体的得分来看，民主型家庭教养方式下的被试得分最高。这表明家庭教养、教育方式、教育理念或习惯等确实会对高职生的中华民族共同体意识产生影响，而且民主型的教养方式更有利于高职生铸牢中华民族共同体意识。

表5-12　各核心变量的家庭教养方式差异分析结果（M±SD）

	民主型		专制型		放纵型		溺爱型		F	P
	Mean	*SD*	*Mean*	*SD*	*Mean*	*SD*	*Mean*	*SD*		
Total	4.472	0.387	4.353	0.439	4.392	0.384	4.387	0.479	13.390	0.000
W1	4.659	0.596	4.442	0.639	4.600	0.528	4.507	0.508	5.191	0.000
W2	4.590	0.504	4.485	0.565	4.479	0.512	4.415	0.645	9.305	0.000
W3	4.414	0.575	4.205	0.645	4.157	0.661	4.272	0.699	26.258	0.000
W4	4.576	0.568	4.437	0.629	4.467	0.643	4.186	0.759	16.249	0.000
W5	4.413	0.698	4.280	0.781	4.170	0.830	4.265	0.788	11.601	0.000

从表5-13可知：W1和W4在自我评价上差异不显著（$P>0.05$），其余因子和总均分在自我评价上差异显著（$P<0.05$）。事后检验结果反映，高职生中华民族共同体意识得分随自信程度的提升而增高，越自信的高职生越容易形成较好的中华民族共同体意识。这说明个体的自信水平等内在心理品质也是影响其中华民族共同体意识形成的因素，在加强外在知识输入教育的同时，更要注重高职生内在心理品质的培育，特别是增强自信心教育，要让高职生对我们的道路、理论、制度和文化具有高度的自信心，对其有信心，才能更好地认同与接纳。

表5-13　各核心变量的自我评价差异分析结果（M±SD）

	总是很自卑		偶尔自信		大部分时候自信		总是很自信		F	P
	Mean	SD	Mean	SD	Mean	SD	Mean	SD		
Total	4.265	0.509	4.384	0.370	4.452	0.395	4.538	0.411	23.807	0.000
W1	4.516	0.691	4.514	0.587	4.488	0.597	4.546	0.595	1.340	0.260
W2	4.362	0.671	4.505	0.518	4.567	0.504	4.651	0.522	13.689	0.000
W3	3.805	0.782	4.150	0.582	4.426	0.561	4.549	0.580	90.927	0.000
W4	4.416	0.746	4.534	0.537	4.537	0.598	4.558	0.629	1.523	0.206
W5	4.054	1.051	4.239	0.736	4.385	0.707	4.552	0.659	27.488	0.000

综上可知，中华民族共同体意识在性别上的差异不显著，但在地区、年级学段、家庭教养、自我评价方面存在显著的差异，即高职生中华民族共同体意识可能与地区差异、年龄与学段层级、家庭教养方式与理念、自信水平等因素存在关联性。为进一步检验这一假设，本研究特将家庭教养、自我评价和年级学段作为自变量，将中华民族共同体意识作为因变量进行相关和回归分析，详细结果见表5-14。

表5-14　相关变量与各核心变量的相关及回归分析结果（n=2946）

因变量	自变量	r	β	t	R^2	F	P
Total	年级学段	0.059**	0.047	2.603**	0.042	32.410	0.000
	家庭教养	−0.092**	−0.081	−4.482**			
	自我评价	0.153**	0.141	7.786**			
W1	年级学段	0.131**	0.123	6.705**	0.024	18.233	0.000
	家庭教养	0.034	0.031	1.669			
	自我评价	0.012	0.003	0.188			

续表

因变量	自变量	r	β	t	R^2	F	P
W2	年级学段	−0.017	−0.025	−1.356	0.026	19.784	0.000
	家庭教养	−0.092**	−0.080	−4.389**			
	自我评价	0.115**	0.109	5.951**			
W3	年级学段	−0.020	−0.020	−1.113	0.019	13.939	0.000
	家庭教养	−0.115**	−0.110	−5.997**			
	自我评价	0.028	0.019	1.047			
W4	年级学段	−0.024	−0.039	−2.192*	0.098	79.960	0.000
	家庭教养	−0.142**	−0.120	−6.800**			
	自我评价	0.281**	0.274	15.564**			
W5	年级学段	0.039*	0.032	1.747	0.037	28.324	0.000
	家庭教养	0.101**	−0.091	−5.025**			
	自我评价	0.165**	0.156	8.580**			

从表5-14可知：家庭教养与总均分、W2、W3、W4、W5存在显著相关（$P<0.05$），其中W5是正相关，其余为负相关；自我评价与总均分、W2、W4和W5都存在显著正相关（$P<0.05$）；年级学段仅与总均分、W1和W5存在显著正相关（$P<0.05$），但相关系数偏低，且回归分析结果显示，仅在总均分、W1和W4检验显著。可见，在以上三个变量中，家庭教养和自我评价对中华民族共同体意识的影响效果更明显一些。因此，再次将家庭教养和自我评价作为自变量，将中华民族共同体意识作为潜在因变量进行路径模型分析。结果见图5-5和表5-15。

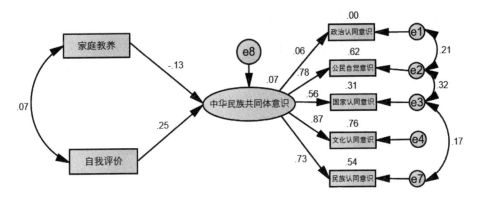

图5-5 家庭教养、自我评价对中华民族共同体意识影响的路径结构图

表5-15 两个变量对中华民族共同体意识影响假设的检验结果

自变量	因变量	路径系数	C.R	P	检验结果	方差变异解释率
家庭教养	共同体意识	−0.130	−2.483	0.008	成立	0.080
自我评价		0.241	2.648	0.005	成立	

从表5-15可知：家庭教养与自我评价两个自变量对中华民族共同体意识的影响显著（P<0.01）。此外，两个自变量对潜在因变量的方差变异解释率为8%，对政治认同意识是6%、公民自觉意识是79%、国家认同意识是56%、文化认同意识是87%、民族认同意识是73%。可见，除了对政治认同意识的预测性略低一些，以上两个变量对其余四个因子的预测性都比较高。这可能也反映出，在目前的家庭教育中对政治认同意识的教育较弱，需要进一步加强家庭教育中的政治认同意识教育。

（二）铸牢高职生中华民族共同体意识的教育现状分析

1. 铸牢高职生中华民族共同体意识的教育意识

从表5-16可知：主动教育意识的均分为2.360，低于3分，表明家长和老师等对铸牢高职生中华民族共同体意识的教育主动性意识并不高，有超过60%的被试没有或偶尔有相关教育，且都属于无意识行为，具有积极主动教育意识的人很少，仅有7.2%。可见，欲提升高职生的中华民族共同体意识教育水平，铸牢其中华民族共同体意识，必须要提升老师及家长等成年人的主动教育意识，首先要提高成年人对铸牢中华民族共同体意识重要性的认识，才能激发他们教育学生和孩子的积极主动性。

表5-16　铸牢高职生中华民族共同体意识教育意识的基本描述统计（*n*=556）

	Mean	*SD*	1		2		3		4	
			n	*%*	*n*	*%*	*n*	*%*	*n*	*%*
教育意识	2.360	0.735	46	8.3	304	54.7	166	29.9	40	7.2

注：1表示"从来没有"，2表示"偶尔有，但不是有意识"，3表示"比较多，部分是有意识"，4表示"非常多，几乎是有意识"。下同。

从表5-17可见：教育意识不存在显著性别差异（*P*>0.05），但在职业类型、任教学段、学历和居住地等几个维度上存在显著差异（*P*<0.01）。此外，从具体分值来看，在职业类型上排在前三位的分别是公务员、教师和军人，这说明在铸牢孩子中华民族共同体意识教育方面，公务员、教师等国家公职人员确实要比其他职业类型的家长更具主动意识。在教师任教学段的比较中，得分最高的是幼儿教师，得分最低的是大学老师，而且从高中教师开始分数就显著下降，这可能是由于高中之后，教师把理论知识和专业技能训练作为对学生教育的主要内容，而在一定程度上忽视了其他方面的教育内容。从学历差异中也可以看出同样的规律，得分高的不是高学历，反而是高中和大专学历，这可能是因为贵州省幼儿教师和小学教师的学历，目前是大专以下的还占有较大比例（简才永，2021年）。从居住地来看，得分最低的是居住在乡镇的家长或老师，但乡镇与农村的差异不显著，这可能跟贵州省的农村与乡镇发展差异并不明显有关系。

表5-17　铸牢高职生中华民族共同体意识教育意识的差异性比较分析（*n*=556）

变量	分类	*n*	*Mean*	*SD*	*t/F*	*P*
性别	男	214	2.390	0.796	0.832	0.406
	女	342	2.340	0.695		
职业	公务员（含公检法、群团组织等）	148	2.530	0.714	4.622	0.000
	教师	185	2.400	0.636		
	军人	6	2.330	0.516		
	工人	24	2.000	0.933		
	农民	38	1.890	0.727		
	医卫系列	20	2.100	0.852		
	商业服务类（含个体户）	38	2.210	0.905		
	交通运输类	27	2.260	0.447		
	工程技术类	34	2.120	0.591		
	其他	36	2.330	0.478		
任教学段	幼儿教师	8	2.500	0.535	3.810	0.002
	小学教师	32	2.460	0.670		
	初中教师	54	2.470	0.642		
	高中教师（含中职教师）	58	2.360	0.692		
	大学教师	33	2.150	0.546		
学历	初中以下	20	1.500	0.688	7.457	0.000
	高中和中职	40	2.380	0.979		
	大专	80	2.360	0.745		
	本科	358	2.340	0.654		
	研究生	58	2.330	0.613		

变量	分类	n	Mean	SD	t/F	P
居住地	城市	378	2.390	0.702	4.615	0.010
	乡镇	124	2.230	0.620		
	农村	54	2.250	0.709		

2. 铸牢高职生中华民族共同体意识的教育方式

表5-18中的7种教育方式，是在整理前期开放式问卷调查结果，再参考相关文献资料的基础上总结提炼的。从表5-18中可知，排在前3的分别是"家庭重视民族传统文化的传承教育""通过宣传重大历史事件，增强民族凝聚力""加强国家通用语言文字教育"。家庭是个体学习民族文化最主要的场所，理应发挥好传承民族历史文化的功能，特别是在个体成长的早期阶段，对个体学习民族语言、民俗民风、发展历史等内容具有不可替代的作用。家庭作为高职生健康成长的重要场所，在铸牢中华民族共同体意识方面具有重要作用。"中华民族"是在中华大地上经历数千年磨难后才逐渐形成的共同体，特别是近现代以来，在经历了数次民族危难之后，才最终凝聚成牢不可破的命运共同体。有学者指出，由于不同时期的诸多重大关键历史事件使得中华民族共同体意识得以形成和强化（平维彬、严庆，2017年）。此外，中华民族之所以能够有如此大的凝聚力，其中有一个重要的因素就是文化同源。自秦代统一文字以来，历经数千年绵延不断，确保了中华文化的主调不变色、基因不变异。因此，为了进一步夯实中华民族共同体意识的文化根基，党中央大力倡导推广和普及国家通用文字和语言，这样将有助于各民族交往交流交融，促进民族大团结。整体来看，表中所列7种方式的被选率均超过了50%，说明这7种途径与方法，可以成为目前铸牢中华民族共同体意识的主要教育途径。

表5-18 铸牢高职生中华民族共同体意识教育方式的基本描述统计（n=556）

项目	Mean	SD	n	%	排序
加强国家通用语言文字教育	0.640	0.479	358	64.4	3
以文学艺术影视歌曲等形式展现国家形象	0.620	0.485	346	62.2	4
学校增设中华民族交往交流交融史专题教育	0.570	0.495	318	57.2	6
家庭重视民族传统文化传承教育	0.720	0.448	402	72.3	1
社会 / 社区强化民族大团结宣传教育	0.500	0.500	280	50.4	7
中华民族共同体意识融入学校思政教育课程	0.620	0.485	346	62.2	4
通过宣传重大历史事件，增强民族凝聚力	0.660	0.475	366	65.8	2

3. 铸牢高职生中华民族共同体意识的教育内容

表5-19中的7项内容是根据前期文献和实证研究结果凝练而得，从结果来看，7项的被选率均超过了70%。这表明以上7项教育内容获得了成年人较高的认可度，可以作为铸牢高职生中华民族共同体意识的主要教育内容。从具体的得分排序来看，前3位分别是"对伟大祖国的认同教育""对中华文化的认同教育""对中国共产党的认同教育"。可见，与教育方式的结果基本一致，在铸牢中华民族共同体意识的教育中，人们对中华文化和中国历史的重视程度都非常高，特别是对中华文化。中华文化是各民族交流交往交融史的体现，是民族大团结和中华民族共同体最持久的黏合剂。近代以来，在中国共产党的正确引领下，各民族摆脱了狭隘的"族类辨物"观，逐渐形成了超越个体民族观的"中华民族"，实现了由"自在"到"自觉"的历史性嬗变（平维彬、严庆，2017年；平维彬，2019年）。进入新时代以后，以习近平同志为核心的党中央高度重视民族工作，多次提及"中华民族共同体意识"，2017年，"铸牢中华民族共同体意识"被写进党的十九大报告和党章。中华民族大团结是实现中华民族伟大复兴的必然要求，铸牢中华民族共同体意识能够为实现中华民族伟大复兴凝聚强大的力量。

表5-19 铸牢高职生中华民族共同体意识教育内容的基本描述统计（n=556）

项目	Mean	SD	n	%	排序
对伟大祖国的认同教育	0.910	0.291	504	90.6	1
对中国共产党的认同教育	0.790	0.404	442	79.5	3
对中国特色社会主义的认同教育	0.770	0.424	426	76.6	5
对中华文化的认同教育	0.820	0.381	458	82.4	2
对中华民族的认同教育	0.770	0.421	428	77.0	4
对公民意识的培育	0.710	0.453	396	71.2	6
对社会主义核心价值观的教育	0.710	0.455	394	70.9	7

四、研究小结

（一）贵州省高职生的中华民族共同体意识整体较好，但还有很大的提升空间，特别是在民族认同意识和文化认同意识上得分偏低，需要进一步加强教育引导。

（二）高职生中华民族共同体意识在年级学段、家庭教养、自我评价三个维度存在显著性差异。

（三）家庭教养、学校类型和自我评价对高职生中华民族共同体意识具有显著的影响作用。

（四）家长和老师等成年人对铸牢高职生中华民族共同体意识的教育意识不强，缺乏主动积极教育引导意识。

（五）铸牢高职生中华民族共同体意识的教育方式主要有7种、教育内容主要有7个方面。

第六章

高职院校开展民族团结教育的现状研究

高职生作为国家重点培养的高水平技术技能型人才，是建设国家的重要后备力量。高职教育作为高等教育的重要组成部分，理当成为民族团结教育的主阵地。在高职院校开展民族团结教育、研究民族团结教育，是新时代中国应对国内外新形势及发展新变化的需要。本章将运用问卷调查和个案访谈的方式，对高职院校开展民族团结教育的现状、影响因素和困境等问题进行考察，以期能够对当前高职院校民族团结教育现状有一个全面的认知。

第一节　高职院校民族团结教育的现状调查

一、研究意义

当前，我国正处于努力实现"两个一百年"奋斗目标的关键历史交汇期。越是在最关键时候，越是需要统一思想和认识，凝聚更广泛的共识与力量。民族团结是实现中华民族伟大复兴中国梦的力量源泉和基石所在，而加强民族团结的基础在于搞好民族团结进步教育。深化学校民族团结进步教育，将有助于铸牢青年学生中华民族共同体意识，确保各民族像石榴籽一样紧紧抱在一起。作为一个统一的多民族国家，历史的经验告诉我们，民族团结则国家强盛，民族分裂则山河破碎。民族团结是维护国家统一、实现各民族共同发展的根本保证，也是各民族共同繁荣和解决民族问题的根本出发点与归宿。党和国家历来重视民族团结问题，始终把解决民族问题和促进民族团结放在十分重要的位置。特别是进入新时代以来，以习近平同志为核心的党中央着眼于新时代民族工作面临的新形势、新特点，深刻把握党和国家事业发展，对民族工作提出了新任务、新要求，并创造性地提出了"铸牢中华民族共同体意识"这一重大理论，这对学校开展民族团结教育和意识形态工作具有重大的指导意义。所以，开展民族团结教育相关研究，是深入贯彻落实党中央在新时代民族教育政策的体现，对学校民族团结教育实践工作也具有重要的参考价值。

二、研究现状

为了清晰地了解目前国内关于民族团结教育的研究状况，特以"民族团结教育"为主题，在中国知网数据库进行搜索，搜索到2183篇文献，起止时间为1964年12月至2022年2月。其中4个最接近的主题分别是"民族团结教育"1357篇、"民族团结"470篇、"民族团结进步教育"205篇、"民族团结进步"86篇，其余皆为相关内容文献。为了更加清晰这4个主题的发文趋势，特进行了比较分析。结果见图6-1。

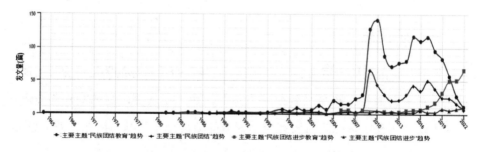

图6-1　民族团结教育相关四个主题文献比较分析结果

从图6-1可见，关于以上4个主题的文献几乎都从2009年开始猛增，这可能与当时中国所面临的社会背景有关，很多学者开始关注民族团结教育问题。综合现有的文献来看，目前主要有以下几个方面的内容。

（一）关于民族团结教育重要性和必要性的探讨

毋庸置疑，高校开展民族团结进步教育，对帮助大学生树立正确的历史观、民族观、国家观和文化观具有重要意义，研究者们总结凝练出了很有参考价值的观点。比如有研究者提出，开展民族团结进步教育是新时期推进爱国主义教育的必然需要（王姗萍，2010年），因为中华民族的精神是以爱国主义为核心的。民族团结进步教育的重要性主要体现在两点：一是宏观上直接关乎国家统一和社会安定和谐，二是微观上影响师生人际和谐和校园环境（奔夏、吴宇，2011年）。在高校开展民族团结进步教育，有助于大学生正确认识国情，增强他们对中华文化的认同感，是维护国家统一、民族团结和地区和谐发展的基础（孙杰远，2018年）。此外，还有很多学者对民族团结进步教育的重要性进行了详细阐释（张积家，2016年；觉青，2019年；李慧茹，2020年；王瑜，2020年）。总之，学者们的观点虽各有不同，但基本可以总结为：民族团结是维护社会和谐和国家统一富强的重要基石，在高校开展民族团结进步教育，将是新时代最重要的教育实践活动之一；民族团结教育必须以铸牢中华民族共同体意识为主线和"纲"，认真贯彻落实党的民族政策和教育方针，践行立德树人根本任务，奉行为党育人、为国育才的教育宗旨。

（二）关于民族团结教育内容的探讨

内容是开展教育最主要的元素之一，因此备受研究者们的关注。综合以往的研究来看，民族团结教育内容基本上可以归纳为以下几点：一是马克思主义民族观教育；二是"五个认同"教育；三是社会主义核心价值观教育；四是中国梦教育（焦敏，2018年）；五是民族团结的常识性教育，比如党和国家的民族政策、中华民族的交往交流交融史、民族英雄事迹等（韦兰明，2019年；徐萍、骆健飞，2020年）；六是强化通用语言和标准汉字的普及推广教育等（王启涛，2020年）。总而言之，民族团结教育的内容，会随着时代的变迁不断发生变化，但无论怎样变化，都要始终坚持以马克思主义民族理论为根本指导，坚持党的领导，执行党的民族工作政策，以铸牢青年学生的中华民族共同体意识为主线，多维度、多学科、多层次地挖掘和开发民族团结教育内容。

（三）关于民族团结进步教育面临的挑战与困难

综观已有的研究文献，目前我国高校开展民族团结进步教育的挑战主要集中在以下几个方面：一是多元文化和区域发展不平衡的影响，以及境外反华势力的煽动和渗透对高校开展民族团结进步教育提出了挑战（戴畅，2016年；焦敏，2017年；石翠红，2019年）；二是由于受到网络新媒体技术的影响，导致各种价值倾向和不完整的碎片化信息充斥着大学生的网络虚拟生活，对他们价值观的形成产生了一定程度的影响，同时也对高校的思想政治教育和意识形态工作提出了新的挑战（陈立鹏，2019年）。与此同时，由于目前很多高校对民族团结进步教育重视程度不够，对教育目标的认识和把握不清晰，教育教学方式单一等问题进一步加深了教与学的矛盾，降低了教育的实效性（徐建军，2010年）。

此外，目前高校开展民族团结进步教育还存在以下几点困难：一是高校对新形势下民族团结进步教育的发展变化认识不到位，准备不充分（覃红，2009年）；二是对民族团结进步教育课程资源开发建设滞后；三是开展民族团结进步教育的方法陈旧、载体单一、形式僵化，难以调动学生主动学习的积极性。

（四）关于民族团结进步教育实施途径的探讨

从已有文献来看，研究者对高校开展民族团结进步教育实施途径的探讨主要集中在指导思想、政策方针、制度建设、课程设置和教学方法等方面。比如有学者提出要加大民族团结理论知识的传播，并表明这是向受教育者快速传播党的民族政策及相关知识最有效的做法（张翠娟，2016年）；有研究者认为首先需要建立有效的保障机制，否则民族团结进步教育目标将很难有效落实（刘宝明，2018年）；蒙良秋（2018年）等人则认为需要建构完整的课程体系，并将民族团结进步教育内容融入思政理论课程等其他学科教学中去，同时，也要深入挖掘和开发反映各地区实际情况的校本教材作为国家通用教材的补充（欧阳常青，2019年）。

三、问题提出

总体而言，目前关于高校开展民族团结教育的研究文献还是比较丰富的，但这些研究文献也存在一些问题。一是目前的研究基本上都是以大学本科生为主要研究对象，或者未区分本科生和专科生，专门针对高职生的研究文献还比较少。（李恩华，2017年）。二是目前对民族团结教育的研究多以理论探讨为主，少有实证研究，缺乏全面和系统的实证研究数据。三是研究对象大都是学生，很少对教师和家长等成年人进行调查。四是研究方法比较单一，缺乏量化研究和质性研究的综合运用。因此，本研究拟从学生、教师两个视角对高职院校民族团结教育现状进行研究，并采用问卷调查和个案访谈等多种方法对其进行多维度考察。

四、研究方法

（一）研究对象

本次共调查了来自贵州、云南、四川、广西等省（自治区）各地高职院校的1092名学生和531名教师。详细情况见表6-1和6-2。

表6-1　教师组被试基本情况　　　　　　单位：名

性别	数量	民族	数量	年龄	数量	专业	数量	职称	数量	学历	数量
男性	126	汉族	288	≥60岁	9	自然	162	正高	18	博士	9
女性	405	少数民族	243	50～59岁	45	人文	369	副高	99	硕士	279
				40～49岁	81			中级	288	本科	234
				30～39岁	270			初级	126	专科	9
				≤30岁	126						

表6-2 学生组被试基本情况   单位：名

性别	数量	民族	数量	年级	数量	专业	数量	城乡	数量
男性	295	汉族	563	大一	538	自然	807	农村	980
女性	797	少数民族	529	大二	475	人文	285	城市	112
				大三	79				

（二）研究工具

本研究使用的研究工具一共有3个，2套封闭式调查问卷和1套个案访谈提纲。其中，封闭式调查问卷主要是参考焦敏（2018年）等人的研究进行修订的，教师版有20个题目，学生版有14个题目，详细内容见附录。

（三）数据分析

采用SPSS 23.0对数据进行管理和分析。

五、结果分析

（一）教师调查结果分析

1. 高职院校开展民族团结教育的情况

为了了解高职院校开展民族团结教育的大概情况，特从8个方面进行调查，结果见表6-3。

表6-3 学校开展民族团结教育的基本情况

项目	是（名）	百分比	否（名）	百分比
学校是否开设了民族团结教育相关的课程	27	5.1%	521	94.9%
学校是否出版了民族团结教育的校本教材	108	20.3%	423	79.7%
学校是否组织学生开展民族团结实践活动	198	37.3%	333	62.7%
学校是否建有民族文化类社团并举办活动	180	33.9%	351	66.1%

项目	是（名）	百分比	否（名）	百分比
学校是否定期举办民族团结政策理论讲座	72	13.6%	459	86.4%
学校是否有从事民族团结教育的专职教师	36	6.8%	495	93.2%
学校是否组织教师参加民族团结教育培训	24	4.5%	507	95.5%
学校是否建有民族团结教育校园宣传专栏	90	16.9%	441	83.1%

从表6-3可见：在这8个方面的内容中，社会实践活动得分最高，师资培训得分最低。教育最关键的要素和条件就是师资，从调查数据来看，目前师资队伍建设和师资培训还非常欠缺。这表明当前高职院校开展民族团结教育最关键、最严峻的困难就是师资问题。只要人才队伍的问题解决了，其他问题就会迎刃而解。

2. 教师从事民族团结教育的情况

调查教师从事民族团结教育的实际情况，也能从另一个侧面映射出当前高职院校民族团结教育的实施情况。详细结果见表6-4。

表6-4　教师个人从事民族团结教育的基本情况

项目	是（名）	百分比	否（名）	百分比
您是否专门讲授过民族团结教育的相关课程	12	2.2%	519	97.8%
您是否自主学习或关注民族团结的相关知识	36	6.8%	495	93.2%
您是否在课堂中融入民族团结的相关内容	63	11.9%	468	88.1%
您是否愿意长期从事民族团结教育的工作	495	93.2%	36	6.8%

从表6-4可知：专门讲授过民族团结教育相关课程的教师仅占2.2%；能够积极主动关注和学习民族团结相关知识信息的老师只占6.8%；能够在自己的课堂中自主将民族团结相关内容融入课程（专业）教学中的教师占11.9%；有超过90%的教师表示愿意长期从事民族团结教育工作。可见，目前高职院校教师从事、接触或关注民族团结教育工作的机会比较少，无论是直接方式还

是间接方式进行民族团结教育的比例都非常低，但这并不影响教师们从事民族团结教育的热情和决心。

3. 开展民族团结教育存在的困难与问题

参考已有相关研究，梳理了以往学者研究频率较高的6个方面内容进行调查，结果见表6-5。

表6-5　高职院校开展民族团结教育存在的困难

项目	是（名）	百分比	否（名）	百分比
上级主管部门的关心指导不够	207	39.0%	324	61.0%
各级各类学校间交流学习不够	297	55.9%	234	44.1%
专兼职师资队伍建设相对滞后	333	62.7%	198	37.3%
教师继续教育或培训进修太少	369	69.5%	162	30.5%
缺乏高质量可用的教学教案资源	315	59.3%	216	40.7%

从表6-5可见：目前高职院校开展民族团结教育面临的最严峻困难依然是教师队伍的建设与培养。因此，要想高质量推进民族团结教育工作，首要任务就是建设一批高水平的师资队伍，并逐渐完善培养机制。

（二）学生调查结果分析

1. 高校开展民族团结教育的基本情况

从表6-6可见：目前高职院校开展的比较多的民族团结教育活动就是定期或不定期举办专题讲座，其他的工作都还开展的不够，或者说学生的参与和知晓率比较低。

表6-6　学校开展民族团结教育的基本情况

项目	是（名）	百分比	否（名）	百分比
1. 是否选修或必修过民族团结相关的课程	112	10.3%	980	89.7%
2. 是否拿到学校发放的民族团结教育相关教材	92	8.4%	1000	91.6%
3. 是否有专门上民族团结教育相关课程的教师	136	12.5%	956	87.5%

项目	是（名）	百分比	否（名）	百分比
4. 学校是否定期举办民族团结相关的知识讲座	513	47.0%	579	53.0%
5. 你们学校是否定期表彰民族团结进步先进典型	118	10.8%	974	89.2%
6. 学校是否有民族团结教育主题的校园文化	21	1.9%	1071	98.1
7. 是否建立民族文化艺术类社团并参加相关活动	89	8.2%	1003	91.8%
8. 学校是否定期举办民族传统体育运动或比赛	172	15.8%	920	84.2%
9. 是否开展民族团结相关主题的班会	53	4.9%	1039	95.1%
10. 思想政治课教师是否讲授民族团结相关内容	37	3.4%	1055	96.6
11. 其他课老师是否讲授民族团结教育相关内容	124	11.4%	968	88.6%
12. 专业课教师是否融入民族团结教育相关内容	29	2.7%	1063	97.3%

2. 学生掌握民族团结知识的基本状况

从表6-7可知：表示非常了解的学生仅占0.45%，比较了解的学生只占4.3%，对此没有概念、说不准的学生占32.69%，不了解的学生占62.56。可见，目前高职生对民族团结相关知识的知晓率还比较低。这一结果从表6-8的调查结果得到了进一步证实。表6-8中的内容是我国在不同时期对民族团结工作指导思想的凝练总结，学生对其知晓率可以一定程度反映出民族团结教育的实效性。但从调查结果来看，高职生对这些问题的知晓率还有待进一步提高。学校需要继续加强民族团结理论政策教育力度，使高职生学深悟透，不断增强对民族团结重要性的思想认知。

表6-7 学生对民族团结相关知识掌握的自评情况 单位：名

项目	非常不了解	比较不了解	说不准	比较了解	非常了解
你对民族团结相关知识的了解情况	250	433	357	47	5

表6-8　学生对民族团结相关知识的掌握情况

项目	清楚		不清楚	
	数量（名）	百分比	数量（名）	百分比
"一条道路"	207	19.0%	885	81.0%
"两个共同"	234	21.4%	858	78.6%
"三个离不开"	381	34.9%	711	65.1%
"五个认同"	291	26.6%	801	73.4%
"五个维护"	287	26.3%	805	73.7%
"六个相互"	375	34.3%	717	65.7%

六、研究小结

目前高职院校的民族团结教育工作还处于起步阶段，很多工作还有待进一步完善，面临很多的困难和问题，主要是专业师资队伍建设滞后，师资严重不足，缺乏高质量的教材教案，以及民族团结教育的校园文化建设和学生的参与度、知晓率都有待提高。

第二节　基于贵州省高职院校的个案访谈研究

一、研究目的

采用量化的方式对高职院校民族团结教育进行大规模的问卷调查研究，可以为全面且快速地了解高职院校民族团结教育开展的现状提供大量有用信息。但是，量化研究范式也有其缺陷，因为它难以对一些复杂问题进行深入的研究和探索，且不够灵活，因此难以全面、深入地揭示高职院校开展民族团结教育的特点及深层影响因素。而个案调查研究法，即个案访谈法可以作为量化研究的补充，不但可以弥补量化研究的不足，还能使人们对问题的认识更加深入，获取更有价值、更能反映事实真相的第一手材料（杨国枢，2006

年）。所以，我们将在量化研究的基础上，进一步引进质性研究。重点选取一些具有代表性的被试进行深度的个案访谈，希望能够对量化研究结果进行验证和适当的补充，以达到进一步深化研究内容和全面了解高职院校开展民族团结教育的现状和影响因素的目的。

二、研究方法

（一）研究被试

在贵州省各地区随机选取了4所高职院校的10名师生作为被试，其中4位以面谈的方式进行，6位通过电话访谈进行，被试详细情况见表6-9。

表6-9　访谈组被试基本情况

	性别	民族	年级/年龄	专业	职称	岗位/职务	方式
A1	男	苗族	41岁	信息技术	副高	宣传部副部长	电话
A2	男	侗族	45岁	思想政治	副高	学生处副处长	电话
A3	女	汉族	38岁	思想政治	讲师	思政专职教师	面谈
A4	女	汉族	33岁	舞蹈教育	讲师	舞蹈专职教师	电话
A5	女	汉族	29岁	教育学	讲师	专职辅导员	面谈
B1	女	汉族	大一/18岁	护理学	—	—	面谈
B2	女	苗族	大一/19岁	财务管理	—	—	电话
B3	男	布依族	大二/19岁	信息技术	—	纪律委员	电话
B4	男	侗族	大二/20岁	临床医学	—	班长	电话
B5	女	彝族	大二/20岁	工程造价	—	—	面谈

注："—"表示被试在该组的数据缺失。

（二）研究工具

访谈提纲的核心内容主要分为两部分，第一部分是访谈对象的一般性资料，主要包括一些人口学资料以及访谈的时间和地点等；第二部分是一些紧扣研究主题的结构式问题。结合之前的研究结果，共设计了以下三个方面的访谈提纲：

1. 请谈一谈你们学校目前开展民族团结教育的情况（包括人员、内容和形式等），或者你了解的其他学校情况；

2. 目前为止，你们学校开展民族团结教育的成效（如取得的成绩或荣誉等）如何？

3. 您觉得高职院校目前开展民族团结教育存在的困难与挑战有哪些？

（三）访谈方法

受疫情防控、人力和时间等因素限制，采取面对面访谈法和电话采访相结合的方式完成访谈。

三、结果分析

（一）课程及师资队伍建设情况

我们在对访谈资料进行反复、仔细阅读和分析之后发现，几乎每个学校都有相关专业的教师，但这些师资都没有得到较好的组织和利用，基本上都在从事与专业相关度不高的工作。

A1：据我所知，我们学校目前还没有专门从事民族团结教育的教师，也没有成立相关的教研室。目前与之相关的教学工作应该是由思政教师来完成，可能会在"马克思主义基本原理概论""毛泽东思想与中国特色社会主义理论体系概论"和"贵州省情"等课程中融入一部分有关民族团结的相关内容。

A2：我认为能够从事这项工作的老师应该是有一部分的，但具体有多少我还真不太清楚，这个只有人事部门才比较清楚。但我想，比如政治学、哲学、教育学、民族学等相关专业的老师应该是可以上这门课的，如果这样算的话，我认识的就有好十几个吧，只是他们大部分现在好像都没有从事这方面的工作。专门的教研室也没有成立，应该都是马克思主义学院在负责这个工作吧，具体的我也不是很清楚。

A3：到目前为止，我们学校应该还没有开设专门的课程，更谈不上专职的教师队伍了。但一些短期或零星的教育教学应该是由我们这些专门从事思想政治和意识形态教育的老师完成，我自己也会在所教科目中融入一部分教学内容，但基本上不成体系。平时我们外出学习和培训的机会倒也还可以，但印象中，我从来没参加过一期有关民族团结教育专题的培训。

A4：我在课堂中教民族舞蹈算吗？如果算的话，那我也是其中的一员了，毕竟这也是传播和发扬民族传统文化的一种形式。但我想这应该不是你所指的那种课程。至于其他老师，我也不太清楚，平时也很少与其他院系的老师接触，不是很了解情况，除了我们学院的老师和两个教民族音乐的老师外，其他的我真不太清楚，也没听说成立专门的民族教育教研室。

A5：应该没有吧，我带的班级所开课程没有这种课程。但是一些民族文化类的选修课算吗，比如"苗侗建筑技艺""贵州省情"等？

在对师生的访谈中，除了有人反映在有些课程中会有部分民族教育内容外，基本都没有修过专门的民族团结教育类课程。可见，目前贵州省高职院校的民族团结教育类课程和师资建设还有很大的提升空间，需要重点加强师资队伍的建设和培养。

（二）校园文化宣传及建设情况

校园文化宣传是开展民族团结教育的重要渠道，加强校园文化建设及宣传，可以为开展民族团结教育活动营造良好氛围。从访谈结果来看，贵州的高职院校都进行了一定范围和程度的校园文化建设及宣传，主要通过网络平台、文化走廊、校园刊物、校园广播、文体活动、节日庆典等进行。

A1：我校会不定期开展相关教育宣传，比如开展周末电影活动，选择一些爱国主义题材的电影播放，既可以丰富学生的课余生活，又能够起到教育作用。除此之外，还有其他的一些宣传教育，只是还没有形成体系化、常态化的宣传教育机制。

A2：我校应该是有几个民族文化类的学生社团，主要是由团委的老师负责管理和指导，他们每年都会开展一些文体活动，形式多样，内容也比较丰富，有时候也会邀请我们去参加，我觉得还是很有（教育）意义的。其他形式的校园文化宣传教育应该也有，只是没有形成常态化。

A5：学校会在一些节日或者某个时候发出通知，要求各院系组织开展民族团结教育活动，但个人感觉很多时候形式大于内容，主要原因可能是大家的积极性和主动性不够高，思想认识不够高，重视不够，应付差事。

B2：学校会不定期在固定的宣传栏或者教室粘贴海报进行宣传教育，我们还有民族歌舞协会，专门开展民族歌舞学习和传播交流，同学们都很喜欢。

B4：这方面以前还真没太注意，可能偶尔会在校园广播里听到一些这方面的内容，印象中班会上老师曾安排相关主题让大家进行学习和讨论。

（三）关于教育途径与形式

教育形式和途径是实现教育的重要方式，对教育成效影响重大。从调查结果来看，目前很多学校都没有形成体系。

A2：我们学校地处民族地区，每逢重大节日，学校都会组织各种活动，引导广大师生了解民族文化，增强爱国意识。校园文化宣传方面，主要是由我们宣传部来抓，比如去年的党史学习教育活动，我们就开展了一系列的宣传教育活动，促进了学生对"四史"的了解，增强了学生的"五个认同"。

A3：学校关于这块的课程教学体系还没有建立，师资也比较缺乏，教育途径和形式比较传统，比如不定期的政策宣讲和相关主题的讲座、主题班会，融入其他课程和校园文体活动等。

A5：就目前来说，采用较多的方式应该就是主题班会、专题讲座和校园文化宣传了，其他的好像没怎么开展，因为我没有参与这方面的具体工作，详细情况不太了解。

B1：应该是通过课堂教学，比如"贵州省情"里面就会讲到贵州多民族团结互助、共同发展的内容，其他的就没有了。

B3：比如到革命教育基地实地参观学习，我们学校每年都组织学生到烈士陵园扫墓，我作为学生干部已参加多次。

B5：我认为是通过课堂教学来实现的，比如，我们学校开设的"苗侗建筑技艺""贵州省情"等课程，里面就有大量对苗、侗等少数民族建筑文化和民族情况的介绍，对我们深入了解各民族的基本情况很有帮助，也改变了我们以前的一些错误认知。

综上可知，贵州地区的高职院校目前几乎都还没有搭建起完整的民族团结教育体系，可能主要是受师资缺乏、教育资源不足和基础保障不健全等因素影响。

第三节　高职院校民族团结教育存在的问题

参考已有相关研究，结合本研究调查结果，在对当前高职院校开展民族团结教育现状进行仔细分析后，现将目前高职院校开展民族团结教育存在的问题及成因总结如下。

一、开展民族团结教育的教学资源匮乏

教学资源是开展教育活动的重要条件，会直接影响教学的方向和目标，也是受教育者获取知识最直接、最有效的内容载体。本研究三组（两组问卷调查、一组个案访谈）调查结果均显示目前高职院校几乎都还没有开设专门的民族团结相关课程，也缺乏相应的教材、教案等教学资源。目前，几乎所有高职院校所开设的相关课程中，只能在《思想道德修养与法律基础》和《毛泽东思想和中国特色社会主义理论体系概论》等国家通用公共必修课教材中找到一部分民族类的教育知识，还有《贵州省情》等省级公共必修教材包含部分民族类知识。而且这些课程中的民族教育内容也十分有限，需要老师做进一步拓展才能让学生知晓更多的知识。目前教育教学资源，特别是高质量的专业教材匮乏，成了影响高职院校开展民族团结教育最主要的问题之一。

二、从事民族团结教育的师资严重不足

师资是决定教育成败的关键性因素，没有好的师资，教育将无从谈起。从调查结果来看，目前绝大部分高职院校都没有专门从事民族团结教育的教师，没有成立民族团结教育教研室，针对民族团结教育类的师资培训项目也非常少。本研究调查结果显示，有62.7%的老师认为师资队伍建设滞后，有69.5%的老师认为民族团结教育老师的进修和培训机会太少。应该说，现在很多高职院校的民族团结教育师资专业化建设还是一片空白，师资队伍建设滞后是影响高职院校开展民族团结教育的关键因素。

三、开展民族团结教育的方法途径单一

教育方法是实现教育目的重要因素，恰当的多样化教育方法，将会收到更好的教育成效。但是教育方法没有统一的标准，需要结合教育内容、教育对象、教育环境（条件）等要素进行灵活选择，原则是实用且高效。目前很多高职院校都尚未开设专门的民族团结教育课程，而主要是将相关内容融入思想政治理论课程。因此，就目前来讲，思想政治理论课应该是高职院校开展民族团结课堂教学的主要途径。此外，还有偶尔的政策宣讲、专题讲座、主题班会以及校园文化宣传等。从调查结果来看，即使这些仅有的教育方法的使用频率也是较低的。

四、对开展民族团结教育重视程度不够

对开展民族团结教育的重视程度不够主要表现在两个方面：一是上级主管部门的关心指导不够，本研究调查结果也显示，有61%的老师认为上级主管部门的关心指导不够。多年来，国家有关部门虽然先后下发过多项促进民族团结教育的政策措施，但几乎都是针对中小学的，而对于高校没有明确的要求和细化考核指标。二是高职院校一直定位为培养高水平技术技能型人才，对于民族团结教育等人文社科类的教育容易忽视，重视程度不够。以上两点

原因，导致高职院校在民族团结教育的人才配备和经费预算等方面的投入都十分有限，这必然会使民族团结教育的成效大打折扣。

综上可知，目前高职院校开展民族团结教育存在的主要问题和挑战是师资队伍建设滞后、教育教学资源缺乏、教育教学方式单一和对开展民族团结教育的重视程度不够等。强化高职生民族团结教育，是深入贯彻落实习近平总书记关于"铸牢中华民族共同体意识"和职业教育有关重要指示批示精神的具体要求，也是落实立德树人根本任务的一项重要工作。因此，必须改变认知，根据党和国家的教育方针，认真抓好以铸牢中华民族共同体意识为主线的新时代民族团结进步教育工作。

第七章

新时代高职生民族团结教育的对策

加强高职院校民族团结教育，促进高职生的族际接触，探索符合高职院校开展民族团结教育的方法与途径，提高民族团结教育的实效性，是新时代高职院校开展学生思想政治教育和意识形态工作的重要内容。根据前期的研究结果，结合高职院校的现实情况和高职生的身心发展特点，对新时代高职院校开展民族团结教育提出对策建议。

第一节　强化高职生民族团结心理意识

一、提升高职生民族团结知识储备

系统领会党和国家的相关民族政策，全面掌握民族团结的基本常识，是正确认识和理解民族团结的前提。因此，想要增强高职生的民族团结意识，首先要强化思想认识教育。从本研究的调查结果来看（详细结果见第六章），有很多高职生对民族团结缺乏全面和正确的认识。比如"您对有关民族团结知识的了解状况如何？"其中回答"非常不了解"的有250人，433人"比较不了解"，375人"说不准"，仅有53人表示"了解"（4.8%）。对一些具体的常识性问题知晓度也比较低，比如"请问您知道'一条道路'的真正含义吗？"只有207人（19%）知晓；"请问您清楚'两个共同'指的是什么吗？"仅有234人（21.4%）知晓；"请问您知道'三个离不开'指的是什么吗？"仅有381（34.9%）人知道；"请问您知道'五个认同'说的是哪五个认同吗？"只有291

（26.6%）知道；"请问您知道'五个维护'指的什么吗？"只有287（26.3%）人知道；"请问您知道'六个相互'是指什么吗？"仅有375（34.3%）人知晓。由此可知，超过一半以上的高职生对民族团结相关政策和知识知之甚少，没有形成比较全面和系统的知识体系，认识上的不完整和缺失，必然会导致他们对有关民族团结及教育问题的认知模糊不清。如果没有全面正确的知识储备，必然容易导致误判和偏见，进而不利于民族团结心理意识和行为的形成。因此，提高思想认知是加强高职生民族团结进步教育的首要任务和基础性工作。

二、增强高职生民族团结心理意识

增强高职生民族团结心理意识，对帮助他们重新认识民族团结的作用与价值具有重要意义。学生如果对民族团结的意识薄弱，那么他们去发展和维持民族团结行为的努力程度就会大大降低。因此，在提升高职生关于民族团结知识的同时，要十分注重培养他们的民族团结意识。要充分利用课堂教学和校园文化等渠道，帮助高职生树立科学的民族观，正确理性看待民族间的各种差异，对他民族的风俗习惯、宗教信仰、文化符号等持包容心态。本研究的调查结果显示，虽然大部分高职生的民族团结意识较高，但也有部分学生对民族团结相关问题表现出不关注、不参与和无所谓的心态。比如在回答"我可以接纳各民族的文化差异"中有4.5%的人表示不认同；在回答"我愿意去学习不同民族的文化和历史"中有4.9%的学生表示不愿意；在回答"我尊重各民族的宗教信仰"中有2.5%的学生表示不认同。对这部分学生，必须要加强心理意识的培养，使之改变原有态度。民族团结心理意识不强，将不利于民族和谐行为的发生，不利于构建美丽和谐校园，更不利于铸牢中华民族共同体意识。

三、培育高职生民族团结情感认同

美国人本主义心理学家马斯洛的"需要层次理论"学说指出：人类共有生理、安全、爱与归属、尊重和自我实现五种基本需要。可见，情感认同是人类最基础的心理需求之一，需要特别重视对高职生民族情感认同的教育，不断增强他们的民族归属感和认同感，这对加强民族向心力、提升民族凝聚力具有重要意义。本研究的结果显示，高职生绝大部分都有较高的民族认同感和归属感，但也还有少数同学的民族认同感较低。比如在"我与中华民族有着深深的依恋之情"的回答中就有1%的学生表示不认同。因此，要以铸牢中华民族共同体意识为主线，充分挖掘和发挥各种教育资源优势，强化高职生民族团结情感认同，夯实铸牢高职生中华民族共同体意识的情感基础。

四、促进高职生民族团结行为倾向

本研究结果表明，绝大部分高职生对待民族团结的行为都是比较正向积极的，但也有部分学生表现不积极。比如在"我愿意为国家和民族奉献自己的全部"的回答中有1.3%的人表示不愿意；在"我乐意和其他民族成员做朋友"的回答中有3.9%的人表示不认同；在"我愿意同其他民族成员在一起共同生活"的回答中有1.4%表示不愿意；在"我愿意和其他民族成员在一起工作或学习"的回答中有1.5%的人不愿意。可见，当前加强高职生民族团结教育、促进民族团结行为发生频率的任务依然艰巨。交往行为发生的前提是相互之间要有接触，而且必须是积极有效的接触。因此，作为教育方的学校，必须要为各民族之间的学生实现良性接触创造有利条件，努力营造各民族间平等互助、友爱和谐的良好氛围。

第二节　促进高职生族际接触与人际和谐

高职院校开展民族团结教育的最终目的就是要促进各民族积极接触，建立友好和谐的族际关系。而积极和适当频率的接触，是族际和谐的前提。根据接触形式的不同，可将群际接触划分为直接接触与间接接触。学校主要从宏观角度促进间接接触，社团和班级主要从微观角度促进直接接触，进而达到增加族际接触、消除偏见、促进族际和谐的目的。下面将从五个方面提出教育对策与建议。

一、学校优化"最优条件"，创造接触的有利条件

群际接触理论从提出就一直面临着一个困境，即接触到底是降低偏见还是增加群际矛盾？对此，研究者们从不同的角度进行了验证，其结果是两种情况都存在。但奥尔波特却指出，改变偏见的核心并不是群际接触本身，接触只是一个渐进的变化过程，关键是要区分积极接触和消极接触，决定接触性质的前提条件才是最重要的。奥尔波特将促成积极接触的"最优条件"归纳为四个，即平等地位、共同目标、合作依存与权威支持。因此，学校要从这四个方面来为跨群际接触创设"最优条件"。

地位平等不仅仅指交往双方的社会地位、交往情境公平公正，也会受到个体以往的经历及价值理念的影响，甚至成长经历和价值信念的影响更突出，因为只有受到平等对待和持有平等信念的人才可能平等对待他人并与之进行积极接触。因此，基于学校教育的视角，不仅要为高职生群际接触创建公平公正的社交情境，更要培养和塑造他们积极健康的平等价值信念。可将平等信念嵌入办学目标、办学理念和人才培养方案中，融入学生日常行为的养成教育中，着力培养学生的"公民平等意识"。

共同目标是指创设接触双方均积极努力才能达到的目标，依存关系是指交往双方始终存在合作关系而非竞争关系，即大家努力的目标一致才能共进退。但任何关联的人与人、群体之间都始终并存着两种矛盾关系，即合作与竞争。如何平衡这两种矛盾关系到群体的凝聚力和向心力。中国是由14亿多人口、56个民族组成的一个大国，如此庞大且成分复杂的群体怎样凝聚最大共识、形成强大向心力至关重要。为此，习近平总书记提出了"最大公约数"

理念，"寻求最大公约数、画出最大同心圆"是最佳解决方案。新时代对高职生的民族团结教育，要重视"共同目标"元素的挖掘与教育作用，使高职生群体从知识认知、情感认同和行为内化三个方面形成"共同目标"。习近平总书记曾指出社会主义核心价值观概括了公民、社会和国家三个层面的价值要求，是我们的共同价值追求和目标，实际上回答了我们要培养什么样的公民、建设什么样的社会和国家的重大问题。因此，要强化对高职生群体"共同价值"的培养，引导青年学生寻求"最大公约数"，创设"共同目标"，铸牢"携手同行"的中华民族共同体意识。因此，学校要不遗余力地向学生宣传本校的目标是什么，中华民族的共同目标是什么，让青年学生牢固树立中华民族共同体意识。

　　权威支持是指有一些强有力的措施或者力量对群际接触给予支持和保障，比如法律法规、道德规范、文化传统和国家政策等。党的十八大以来，习近平总书记曾多次提出"铸牢中华民族共同体意识"并作出重要指示，但目前该如何贯彻落实总书记的重要指示，相关职能部门和学界都还处于理论探讨阶段，"铸牢中华民族共同体意识"的具体教育措施有待细化和更具可操作性。因此，学校在开展民族团结教育的同时，要特别注意加强权威引导、制度支持等方面的建设，强化制度建设和模范引导。比如新学期开学的入学教育要积极展现往届学生跨族际交往的事例，让新同学从中受到间接接触的熏陶，为今后的跨群际交往做好铺垫。学校教务处、学生处和团委等相关职能部门，以及教学院系和科任老师等，都要有目的性地引导、鼓励和支持学生进行跨群际交流，帮助他们体验和建立积极的跨群际友谊。最关键也是最重要的是必须加强学生党建工作，把党建工作与对学生的发展教育有机结合起来，不断巩固和夯实党组织的凝聚力和战斗堡垒作用。将各民族优秀青年学生源源不断地吸引到党旗下来，使各族青年学生牢固树立对党的心理认同和情感认同，并在党的坚强领导和正确指引下构建起积极和谐的民族关系，充分发挥党组织在促进高职生实现族际交往和建立跨族际友谊过程中的权威引导作用。

二、加强民族文化交流，消除族群间的误解与偏见

群际接触理论认为，偏见源于"无知"，积极接触可以促进群体间的相互了解，产生共情，消除偏见和改善群际关系。因此，积极开展民族文化交流，展示民俗民风，对促进各民族群体的相互了解具有重要意义，是巩固和发展平等、团结、友爱、互助、和谐民族关系的前提。特别是民族地区的高职院校，应当充分发挥"民族"这一优势资源，积极组织各类主题和各种形式的民族文化交流活动，以促进各民族团体的接触频率，增进相互了解。具体可从以下四个方面开展：一是学校利用各种平台和机会向外地学生展示本地区的民风民俗，如饮食习惯、服饰特点、节日文化、建筑特色等，促进外地学生对本地区民族文化的了解；二是开设反映本地区各民族人文风情、历史脉络和发展现状等内容的校本课程，系统介绍本地区各民族发展状况，增强学生认知；三是班级以班会的形式，组织来自不同地区、不同民族的学生分享本民族的特色，促进相互认识，消除刻板印象；四是引导学生成立民族文化类社团，以学生社团的形式开展各种形式的民俗文化交流促进活动。总之，基于民族团结进步教育的目的，民族地区的学校有必要利用自身的"民族"资源优势，积极创设民族文化交流机会，为各民族学生的接触、交流与融合创造机会，以消除族际刻板印象和认知偏见。

三、强化民族团结教育，铸牢中华民族共同体意识

本研究提出，群际接触理论本土化研究的价值在于探讨接触如何促进和谐。当今中国正处在新的伟大历史时期，各族人民正在为实现中华民族伟大复兴而不懈努力。要实现中华民族的伟大复兴，需要凝聚最广泛的共识和力量，团结全国各族人民。习近平总书记提出了"铸牢中华民族共同体意识"，这是实现民族复兴的力量源泉。群际接触理论作为减少偏见、改善群际关系最经典的理论之一，理应为当今中国的社会发展作出应有贡献。本研究的结果也表明，积极的群际接触，确实可以有效降低偏见和改善群际关系。因此，

作为教育主体的高职院校，要加强对学生的民族团结教育，从认知和行为两个层面共同铸牢高职学生的"中华民族共同体意识"。但纵观目前各学校的教育现状，专门开设此类专题教育的少有，并且缺乏系统的教育素材和标准。今后，各高校应当根据党和国家的民族政策和教育方针，结合本地区及本校实际情况，有目的、有计划、系统性地开设有关民族团结进步教育的课程，强化民族团结进步教育，进一步夯实学校作为民族团结教育主阵地的作用，而不仅仅是在宣传栏、黑板报、官网等做一些传统的宣传。总之，作为民族团结进步教育主阵地的学校，理应担起"铸牢中华民族共同体意识"教育的职责，要把"中华民族共同体"这一理念深深地刻于每一位青年学生的心中。

四、加强社交技能训练，提升学生社交自我效能感

研究表明，越自信的学生群际焦虑和群际偏见得分越低，群际交往频率和质量越高，群际关系也越和谐。因此，学校在加强民族团结教育、创设群际交往平台的同时，也要注重学生个性心理与积极心理资本的培养。因为学生的个性心理，特别是自信水平会直接影响到他们的社交质量。本研究结果表明，高职生的羞怯、焦虑、孤独与人际和谐呈显著的负相关，羞怯和焦虑程度对人际和谐具有显著的负向预测作用。可见，强化学生社交技能和心理素质训练，将有助于提升他们的社交自我效能感。具体可从以下四个方面进行：一是建立朋辈辅导机制，朋辈辅导本身就会促进学生之间的交流，同伴的影响不可忽略；二是开设人际交往专题选修课，系统教授学生社交技巧，让他们学会合理认知社交、理性处理矛盾、轻松参与交际；三是任课教师要有意识地在课堂上鼓励学生参与交流发言，以此锻炼学生临场应变能力、克服面众恐惧和人际焦虑情绪；四是学生处、教务处、团委等职能部门要积极整合资源，优化管理，鼓励、支持学生开展有意义的跨群体社交活动，增加群际接触的机会。

五、重视学生社团建设，提高学生的群际接触质量

本研究发现，有71.9%的学生很少参加学生社团活动，而且很多社团名义上成员比较多，但真正活跃的成员并不多，每个社团开展活动的质量也是参差不齐，这就严重影响了学生社团对促进跨群际交流的应有价值。学生社团应该是在校生真正实现跨群体直接接触的最好平台，但调查结果显示只有28.1%的学生经常参加学生社团活动，这说明高职院校的学生社团活动还有很大的提升空间，需要加强管理和教育引导。所以，学校不能仅口头上支持学生社团活动，更要将支持付诸实际行动，要为学生社团筹集一定的经费预算、安排活动场所和指导老师等，要让学生社团活动成为学校课余文化生活的主阵地，成为学生自主管理、自我发展、交流互助的重要平台。具体可从以下五个方面给予加强：一是加强对学生社团运行情况的考核管理，每年要定期对学生社团进行业务考核，重点考核开展活动的次数与质量，嘉奖优秀，淘汰劣次，特别是要重点关注那些"僵尸"社团；二是设置学生社团活动的专门场地，方便学生开展活动；三是根据社团的业务范围，指派相应的专业指导老师，并根据指导老师实际指导学生开展活动情况计相应的工作量，实行教师与学生双向考核的办法，老师要督促指导学生开展活动，学生也要监督老师是否真正指导活动；四要定期举办形式多样、内容丰富的校内外社团联谊交流活动，促进跨社团交流，增加群际接触机会，降低群际偏见，促进群际和谐；五是建立学生社团实践学分制，即把社团活动当作学生必须完成的实践课程学分，并进行量化管理，所得学分将进入学生学业学分总成绩，未达标的不准予以毕业。

第三节　铸牢高职生中华民族共同体意识

2021年8月27日至28日，习近平总书记在中央第五次民族工作会议上强调，民族工作要以铸牢中华民族共同体意识为主线，铸牢中华民族共同体意

识是新时代党的民族工作的"纲"。铸牢高职生中华民族共同体意识事关重大、影响深远，关系到中华民族伟大复兴的顺利实现。加强高职生中华民族共同体意识培育，将是新时代高职生民族教育实践的重要内容和理论研究热点。当前对铸牢高职生中华民族共同体意识的实践及经验总结成果不多，教育内容界定不清晰，方法与路径不够系统和具体。因此，本研究计划从教育内容、方法和主体三个方面对如何铸牢高职生中华民族共同体意识进行系统阐释，以期能够为铸牢高职生中华民族共同体意识的教育工作提供可行性建议。

一、做什么：铸牢高职生中华民族共同体意识的教育内容

（一）对伟大祖国的认同教育

对伟大祖国的认同，最朴素的理解就是要热爱自己的祖国，培育爱国主义精神。因此，必须大力弘扬爱国主义精神，把爱国主义教育贯穿国民教育和精神文明建设全过程，中共中央、国务院于2019年11月印发了《新时代爱国主义教育实施纲要》（下称《纲要》）。《纲要》指出："伟大事业需要伟大精神，伟大精神铸就伟大梦想。要把国家富强、民族振兴、人民幸福作为不懈追求，着力扎紧全国各族人民团结奋斗的精神纽带，厚植家国情怀，培育精神家园，引导人们坚持中国道路、弘扬中国精神、凝聚中国力量，为实现中华民族伟大复兴的中国梦提供强大精神动力。"为此，《纲要》提出了关于加强爱国主义教育的八项内容：

一是要坚持用习近平新时代中国特色社会主义思想武装全党、教育人民。习近平新时代中国特色社会主义思想是全党全国人民为实现中华民族伟大复兴而奋斗的行动指南，必须长期坚持并不断发展。高职生是国家的希望、民族的未来，要努力推动习近平新时代中国特色社会主义思想进校园、进社区、进家庭，不断增强高职生的"四个意识"，坚决做到"两个维护"，真正使党的创新理论落地生根、开花结果。

　　二是深入开展中国特色社会主义和中国梦教育。中国特色社会主义制度是近代以来中国人民的行为期许和正确的前进方向，集中体现了国家、民族和人民的根本利益。要从新民主革命时期、解放战争时期、社会主义建设时期、改革开放时期等所取得的成就来教育高职生，要让高职生深刻理解中国共产党为什么"能"、马克思主义为什么"行"、中国特色社会主义为什么"好"，要让学生知道今天的幸福生活来之不易，要倍加珍惜党开创的中国特色社会主义，不断增强高职生的"四个自信"，将自己的人生理想与中华民族的伟大复兴梦紧密结合起来，努力争做新时代的追梦人和奋斗者。

　　三是要深入开展国情教育与形势政策教育。深入开展国情教育，就是要帮助高职生正确了解中国的发展历史与现状；深入开展形势政策教育，目的就是要帮助高职生树立正确的历史观、大局观和世界观，了解目前国际国内形势变化，清楚自己的现状与努力方向，培养坚忍不拔的意志力，在前进中努力践行爱国主义精神。

　　四是大力弘扬民族精神和时代精神。中华民族具有五千年的悠久发展历史，五千年的积淀，铸就了以爱国主义为核心的民族精神和以改革创新为核心的时代精神。增强高职生国家认同、强化爱国主义精神，就要以聚焦培养担当民族复兴大任的时代新人为出发点，努力培育和践行社会主义核心价值观，对高职生开展爱国主义、集体主义、社会主义教育，不断提高高职生的思想觉悟、道德水平与综合素养。

　　五是广泛开展党史、国史和改革开放史教育。"知史以明鉴，查古以知今。"历史是最好的教科书和清醒剂，可以让人们知道自己从哪里来、要到哪里去。因此，要结合中华民族从站起来、富起来到强起来的伟大飞跃，加强引导高职生正确深刻认识历史和人民为什么选择中国共产党、选择社会主义道路、选择马克思主义和选择改革开放的历史必然性，要将中华优秀传统精神、革命红色基因印刻到高职生的心灵深处，努力使高职生成为真正合格的社会主义接班人。

　　六是要强化祖国统一和民族团结教育。加强祖国统一教育，让高职生深刻认识维护国家主权和领土完整，实现国家统一是中华民族的不懈追求，也是大势所趋、民心所向、大义所在，每一位中华儿女都要为之不懈奋斗。深化对高职生的民族团结进步教育，是铸牢高职生中华民族共同体意识的必然要求，要引导高职生牢固树立"三个不离开"思想，不断增强"五个认同"，要将56个民族同呼吸、共命运、心连心的优良传统根植于高职生的心中。

七是传承与弘扬中华优秀文化。中华文化是中华民族共同体最持久、最有力的黏合剂，强化高职生对祖国悠久历史和深厚文化的理解与接受，是培植爱国主义情怀最重要的途径。要引导高职生学习中华优秀文化，不断从优秀文化中汲取营养，自觉延续中华文化基因，不断增强民族自豪感和自信心，不断强化中华民族的归属感和认同感。

八是强化国家安全教育和国防教育。安全是国家稳定的重要前提和基础，加强国家总体安全观教育，增强高职生国家安全意识，自觉维护国家的政治安全、国土安全、社会安全等。此外，还要强化高职生的国防教育，不断增强高职生的国防观念，使其形成关心国防、热爱国防、保卫国防的思想意识和行动自觉。

综上可知，强化高职生国家认同教育，可以归纳为"知、情、意、行"四个方面（李春丽，2019年）。"知"就是要让高职生对祖国有全方位的正确认识，包括从纵向时间上了解国家的发展历史，以及从横向空间上了解祖国的地域疆土、山川河流、气候地貌和自然资源等。"情"就是要让高职生对祖国树立一种朴素的情怀，好比子女对母亲一样的依恋与归属感。"意"就是要培育高职生拥有为了祖国发展而不懈努力和奋斗终生的坚强意志，正如周恩来总理年少时立下的"为中华之崛起而读书"宏伟志向一样，要让高职生从小树立为国家和民族奋斗终生的责任感与使命感。"行"就是要引导高职生将爱国的赤子之心外化于行，把爱国、爱党和爱社会主义融为一体，正如习近平总书记所说："当代中国，爱国主义的本质就是坚持爱国、爱党和爱社会主义高度统一。"①

（二）对中国共产党的认同教育

2020年8月，习近平总书记在中央第七次西藏工作座谈会上指出："要深入开展党史、新中国史、改革开放史、社会主义发展史教育……要重视，加强学校思想政治教育，把爱国主义精神贯穿各级各类学校教育全过程，把爱我中华的种子埋入每个青少年的心灵深处。"爱党爱国是铸牢高职生中华民族共同体意识的重要元素，且二者高度统一。因此，应加强高职生群体对中国共产党的认同教育，主要内容有以下七个方面。

一是关于党的性质及目标教育。中国共产党是中国工人阶级的先锋队，是中国人民和中华民族的先锋队，是中国特色社会主义事业的领导核心，代表中国先进生产力的发展要求，代表中国先进文化的前进方向，代表中国最广大人民的根本利益。中国共产党的最高理想和最终目标是实现共产主义。加强党的性质及目标教育，有助于培养高职生对党的价值认同，重点在于加强高职生对党的执政理念的教育。因为高职生对中国共产党执政理念的学习，可以使他们深入理解作为执政党的中国共产党究竟"为谁执政、靠谁执政和如何执政"的根本问题（陈晋旭，2012年）。

二是关于党的指导思想教育。中国共产党以马克思列宁主义、毛泽东思想、邓小平理论、"三个代表"重要思想、科学发展观、习近平新时代中国特色社会主义思想为指导思想和行动指南。要充分发挥思想政治教育课程的主渠道作用，采用生动形象的方法和途径向学生宣传党的指导思想，使广大青年学生始终在思想和行为上与党同行。

三是关于党的基本路线教育。中国共产党在社会主义初级阶段的基本路线是：领导和团结全国各族人民，以经济建设为中心，坚持四项基本原则，坚持改革开放，自力更生，艰苦创业，为把我国建设成为富强民主文明和谐美丽的社会主义现代化强国而奋斗。加强党的基本路线教育，将有助于高职生

---

① 引自习近平总书记在纪念五四运动100周年大会上的讲话内容。

把自己的人生目标与党和国家的发展方向紧密结合。

四是关于党的象征标志教育。中国共产党党徽和党旗就是中国共产党的象征与标志，中国共产党党徽为镰刀和锤头组成的图案，中国共产党党旗为旗面缀有金黄色党徽图案的红旗，它们是党的形象和尊严的体现。要教育广大高职生按照规定使用和保存党徽党旗，要爱护和保护好党徽党旗。

五是关于党的民族政策教育。中国共产党从诞生的那天起，就致力于维护和发展平等团结互助的民族关系。百余年的实践证明，也只有共产党才能真正凝聚最广泛的民族团结力量。因此，要让高职生了解党的民族团结政策，让高职生树立正确的民族观，有助于引导他们铸牢中华民族共同体意识。

六是关于党的奋斗历史教育。中国共产党诞生于国家内忧外患、风雨飘摇之际，在民族危难时刻挺身而出、英勇奋斗是党的本色，也是与党相生相伴的强大基因。加强对高职生的党史教育，有助于把党的红色基因代代相传。要让高职生明白，无论是烽火革命的峥嵘岁月，还是发展建设的和平年代，哪里有急难险重，哪里就有党的坚强支撑，哪里就有共产党员的先锋表率。抗日战争、解放战争、唐山大地震、抗洪抢险、抗击非典、汶川大地震、抗击新冠肺炎疫情……在面对每一场战争和每一个困难时，党始终是中国人民战胜困难险阻的"定海神针"。一百年来，是中国共产党团结带领中国人民不断奋斗，创造了伟大历史、建立了伟大功业、铸就了伟大精神、凝结了宝贵经验。进入新时代，在党团结带领各族人民实现"两个一百年"伟大奋斗目标历史交汇的关键节点，加强高职生的党史教育，将有助于高职生从党的百年奋斗历程中汲取力量和智慧，这对高职生的成长成才意义重大，也是培养合格的社会主义接班人的必然要求。同时，强化党史教育，也有助于增强高职生对党的情感认同。

七是关于党的组织认同教育。以上六种教育内容都属于理论教学范畴，可以从认知和情感维度来加强高职生对党的认同，但所有的认同最终都要落实到行动实践中去。因此，在行为上也要强化高职生对党的认同，最主要的内容就是要强化基层党建工作。新时代抓好高校党建工作，要坚定不移地坚持党的组织路线，强化政治引领，牢牢把握党对高校教育工作的领导权，建立健全党的全面领导组织体系、制度体系和工作机制，教育引导广大师生不断增强"四个意识"、坚定"四个自信"、做到"两个维护"，确保广大师生在思想上和行动上与党中央保持高度一致。此外，党的建设直接关系到师德师风建设、学生政治思想品德教育和办学方向等重大问题，只有夯实高校基层党组织建设，才能培养出认同党、拥护党和热爱党的一代又一代合格"接班人"。可见，强化党的建设，是做好青年学生对党的认同教育的必要内容。总之，加强高职生对党的认同教育，应着重从认知、情感和行为三个方面进行。其目的是从多维度让高职生深刻认识到党在促进中华民族从站起来、富起来到强起来的过程中所发挥的重要领导作用，阐明坚持和拥护党的领导是关系国家长治久安和中华民族伟大复兴不可动摇的最高政治原则，这将有助于教育高职生认同并自觉坚持党的领导（万奎、黄祖辉，2021年）。

（三）对中国特色社会主义的认同教育

2013年，习近平总书记在同各界优秀青年代表座谈中指出："青年兴则国家兴、青年强则国家强。我们党自成立之日起，就始终代表广大青年、赢得广大青年、依靠广大青年。"2017年，中共中央、国务院印发的《中长期青年发展规划（2016—2025年）》指出："促进青年的全面发展，引导青年树立共产主义远大理想和中国特色社会主义共同理想，坚定中国特色社会主义道路自信、理论自信、制度自信、文化自信，自觉团结凝聚在党的周围，更好成长为中国特色社会主义事业的合格建设者和可靠接班人。"在社会主义现代化建设和实现中华民族伟大复兴的征程中，国家和民族的希望在于青年。因此，要以习近平总书记关于青年工作的重要指示精神为指导思想，紧紧抓住"赢得青年"这一主旨思想和逻辑起点，着力培养高职生对中国走社会主义道路的历史必然性的认同、对马克思主义中国化理论成果的认同以及对社会主义核心价值观的认同（辛志军，2017年）。只有赢得青年，党和国家才有未来，中国特色社会主义事业才能"后继有人"。拟从以下四个方面加强高职生对社会主义道路认同教育。

一是加强中国特色社会主义理论体系教育，提高高职生对中国特色社会主义道路的认知认同。中国特色社会主义理论体系是马克思主义与中国发展现实相结合的产物，不仅继承了马克思主义的精髓，也切合了中国社会发展的现实需求。加强高职生对中国特色社会主义理论体系概念、内涵、特点、主要内容的教育，有助于高职生深刻理解中国特色社会主义道路的正确性，才能更加坚定对中国特色社会主义道路的信心，才能深刻理解中国特色社会主义"为什么好"。

二是加强中国特色社会主义的发展历史教育，提高高职生对中国特色社会主义道路的情感认同。情感认同是一种根植于个体内心深处最朴素的认可、接纳和归属感。要培育高职生对中国特色社会主义道路的情感认同，开展中国特色社会主义发展史教育是必然选择。要让高职生对中国特色社会主义道路的发展历史有一个清晰的认知脉络，要让高职生知道中国选择走社会主义发展道路不是历史偶然，而是中国人民在经过百余年艰难实践后做出的正确选择，具有历史必然性。要让高职生明白今天的幸福生活来之不易，是无数革命先辈用鲜血换来的。要让高职生树立正确的历史观，增强高职生反对历史虚无主义的能力，将中国走社会主义发展道路的历史必然性、现实性和正确性根植于每位高职生的心灵深处。

三是加强中国特色社会主义价值体系教育，提高高职生对中国特色社会主义道路的态度认同。高职生对中国特色社会主义发展道路的态度是一种情感倾向，表现为对马克思主义的信仰和对中国特色社会主义道路的价值追求持认同的态度和坚定的信心（辛志军，2017年）。新形势下，加强对高职生的理想信念教育，不断增强高职生的道路自信，重点在于大力开展革命传统教育，让高职生继承和发扬革命先辈的精神财富。此外，要充分创造各种机会和平台锻炼高职生，丰富高职生的社会实践经历，不断增强高职生对中国特色社会主义道路优越性的认知，坚定对社会主义发展道路的信心和认同。

四是加强中国特色社会主义的实践经验教育，提高高职生对中国特色社会主义道路的行为认同。中国特色社会主义是中国人民在党的领导下，将马克思列宁主义与中国国情相结合，是在经历百余年的不断试错和经验总结中逐渐形成的。可见，中国特色社会主义不仅是一套理论体系，更是一种实践科学。因此，培养高职生对中国特色社会主义道路的认同，还需要强化实践锻炼，增加实践教育内容。只有在实践中培养和提高高职生对社会主义道路的参与能力，才能使高职生实现自我价值，进而不断增强对走中国特色社会主义道路的自信心和认同感。

（四）对中华文化的认同教育

对中华文化的认同是对中华民族和伟大祖国认同的根基，是各民族大团结最持久的黏合剂，起着桥梁和纽带的作用。强化高职生对中华文化的认同教育，是建设各民族共同精神家园的重要举措，有助于各民族高职生正确认识中华文化、国家的发展历史，有助于促进民族大团结和国家长治久安，也是落实立德树人根本任务的基本要求。2014年教育部印发的《完善中华优秀传统文化教育指导纲要》（下简称《纲要》）指出："中华优秀传统文化是中华民族语言习惯、文化传统、思想观念、情感认同的集中体现，凝聚着中华民族普遍认同和广泛接受的道德规范、思想品格和价值取向，具有极为丰富的思想内涵。加强对青少年学生的中华优秀传统文化教育，要以弘扬爱国主义精神为核心，以家国情怀教育、社会关爱教育和人格修养教育为重点，着力完善青少年学生的道德品质，培育理想人格，提升政治素养。"《纲要》指出开展中华优秀传统文化教育的主要内容有以下三点。

一是加强家国情怀教育。着力引导高职生深刻认识中国梦是每个人的梦，以祖国的繁荣为最大的光荣，以国家的衰落为最大的耻辱，增强国家认同，培养爱国情感，树立民族自信，形成为实现中华民族伟大复兴的中国梦而不懈努力的共同理想追求，培养高职生做有自信、懂自尊、能自强的中国人。

二是开展社会关爱教育。着力引导高职生正确处理个人与他人、个人与社会、个人与自然的关系，学会心存善念、理解他人、尊老爱幼、扶残济困、关心社会、尊重自然，培育集体主义精神和生态文明意识，形成乐于奉献、热心公益慈善的良好风尚，培养高职生做高素养、讲文明、有爱心的中国人。

三是强化人格修养教育。着力引导高职生明辨是非、遵纪守法、坚韧豁达、奋发向上，自觉弘扬中华民族优秀道德思想，形成良好的道德品质和行为习惯，培养高职生学生做知荣辱、守诚信、敢创新的好青年。

（五）对民族的认同教育

加强高职生民族认同教育，是铸牢高职生中华民族共同体意识的重要内容，具体有以下四个方面内容。

一是强化民族文化认同教育。每个民族都有自己特有的文化内容，56个不同民族的文化构成了中华民族绚丽多姿的中华文化盛宴。强化高职生民族文化的认同教育，其目的是强化民族凝聚力，促进高职生民族团结进步教育。文化是民族发展的核心与精华，具有强大的向心力和关联性，民族文化认同是民族认同的重要组成部分（秦向荣，2005年）。因此，加强民族文化认同教育，将有助于强化民族认同，达到铸牢中华民族共同体意识的目的。主要从神话故事、风俗习惯、民俗节日、宗教信仰、语言文字以及建筑风格、服饰、饮食、歌舞和医药等方面强化对高职生的民族文化认同教育，使高职生在认知上强化对民族的认同感（陈菲菲，2018年）。

二是强化民族历史认同教育。任何一个民族都有其悠久的发展历史，它是族群在发展中逐渐形成的一个整体的认同观念，主要以活动区域和血缘关系构成族群成员的历史记忆（周大鸣，2001年）。中华民族是一个具有五千年悠久历史的民族，是世界四大文明古国中唯一实现连续发展和不断壮大的国家。数千年来，中国各族人民不断交往交流交融，铸就了恢宏的历史篇章，这是所有中华儿女的无价之宝。加强对高职生民族历史的认同教育，能够帮助高职生清晰知晓自己国家和民族的"前世今生"，增强民族认同和国家意识。

三是强化民族情感认同教育。民族情感表现为个体对民族群体的依恋、归属感和喜爱程度，这种情感具有较强的凝聚作用。民族情感主要产生于族群成员间的不断接触和交融过程，是民族群体的共同记忆、价值信念和集体利益的集中体现。在党中央大力提倡民族大团结、铸牢中华民族共同体意识的背景下，强化高职生对中华民族的情感认同，具有重大的时代教育价值。从强化民族认同和国家意识的视角出发，增强高职生的民族情感认同，将有利于引导高职生在今后人生中更好地融入国家和民族发展，为增强民族凝聚力和铸牢中华民族共同体意识打下良好基础。

四是强化民族身份认同教育。民族身份认同指的是个体对自己归属于哪个群体的认知（何群，2009年）。这是个体对自身民族身份的认可，这种认可源于血缘关系的认同，之后会受到家庭、社会和教育等形式的影响，逐渐形成一套价值体系，个体在这种价值体系的影响下规范着自己的思想和行为模式。由此可见，要强化高职生中华民族身份认同，需要加强高职生对中华民族认知、情感和历史等要素的教育，从小树立正确的民族历史观，增强高职生中华民族认同感。

（六）对公民意识的培育

公民意识是指作为一国公民的个体对自己在国家中地位的自我认识，它是现代法治体系下民众对国家政治、经济等活动的一种理性自觉。公民意识教育有助于提升民众参与国家政治生活的积极性与主人翁意识，对凝聚共同体意识具有重要作用。同时，它也是一个国家的文明和现代化程度的重要标志。党的十七大报告明确提出，要"加强公民意识教育，树立民主法治、自由平等、公平正义理念"，党的十八大报告也提出要"加强公民素质建设"，2014年5月，习近平总书记在第二次新疆工作座谈会上提出："要高举民族大团结的旗帜，在各民族中牢固树立国家意识、公民意识、中华民族共同体意识。"加强公民意识教育，对提升国民素质和铸牢中华民族共同体意识都具有重要意义。在参考已有文献的基础上（王俊伟，2013年；白雪，2013年；盛瑞金，2014年；苏辉，2014年；谭登梅，2015年），本研究提出如下五点教育内容：

一是公民主体意识教育。公民的主体意识，是指公民作为认识和实践活动的主体，对自身所处的政治地位、社会地位、自身价值的一种自我认知，它是个体能够成为合格公民的前提（宫东梅，2012年）。因为它既能够让个体认识到自己是所在国家的主人，也能够让个体具有投身社会和国家建设的主动意识。概括起来，主体意识应该包括自主意识、自强意识和创新意识三个方面的内容。加强高职生这三个方面的教育，有利于提升高职生的公民主体意识水平。

二是公民道德意识教育。公民道德属于一种生活方式和态度习惯，它要求个体在追求自己利益的同时不会损害他人和集体的利益。因此，加强高职生道德意识培养，可以引导他们树立正确的世界观、价值观和人生观。特别是要从道德认知、道德态度、道德意志和道德行为四个方面强化教育指导，帮助他们认识公共道德的标准和特点，并养成维护公共道德的品质。

三是民主法制意识教育。民主法制意识教育，就是要培养个体对法律的认同与自觉遵守的意识。首先要培养宪法意识，尊重宪法权威；其次要树立人人平等的法治思想；再次是依法行事，懂得敬畏法律，做到不违法、不犯法，敢于同违法行为作斗争；最后是树立维护公平正义的价值观。

四是公民权责意识教育。权责意识教育的目的是要让高职生深刻理解公民不仅有各种权利，也有相应的义务和责任。公民权责意识是个体对自己在国家和社会中的拥有的权利与承担的义务的自觉认知，也是个体对他人、集体、社会和国家承担责任和义务的一种自觉态度（殷永贵，2010年）。责任意识对个人、集体和国家都至关重要，一个没有责任感的人难成大事，一个缺乏责任意识的集体和国家也是没有希望的。因此，加强高职生责任意识的培养意义重大，可从以下三个方面着手：首先是提高自我责任意识，对自己负责，提升自我修养，对自己的人生和家庭负责，珍爱生活、爱惜生命、关心家人；其次是提高公共责任意识，表现为生活中要爱护学校等公共场所的财物、爱护环境、热心公益等；最后是提高国家责任意识，树立为人民服务、献

身社会主义事业的人生理想。

五是爱国主义意识教育。爱国主义是个体对国家的一种归属感和认同感，表现为一种依恋情结，它是每个公民最基本的素质要求。强化高职生爱国主义意识教育，目的是要让高职生从小树立热爱祖国、热爱国家文化和历史的情结。爱国意识教育主要有两个方面的内容：一是维护国家利益，做到无论什么时候，国家利益始终处于首要位置；二是维护国家安全，要牢固树立国家整体安全观，主动参与到维护国家安全中来。

（七）对社会主义核心价值观的教育

社会主义核心价值观是社会主义核心价值体系的内核，体现社会主义核心价值体系的根本性质和基本特征，反映社会主义核心价值体系的丰富内涵和实践要求，是社会主义核心价值体系的高度凝练和集中表达。中共中央办公厅于2013年12月印发了《关于培育和践行社会主义核心价值观的意见》（下称《意见》），《意见》指出，培育和践行社会主义核心价值观，是推进中国特色社会主义伟大事业、实现中华民族伟大复兴的战略任务。因此，要把培育和践行社会主义核心价值观融入国民教育全过程。具体要求就是要从小抓起、从学校抓起，把社会主义核心价值观纳入国民教育总体规划，贯穿于各级各类的教学和管理环节，覆盖所有学校和受教育者，形成课堂教学、社会实践、校园文化多元一体的育人体系。

社会主义核心价值观教育的具体内容，可分为三个层次：国家层面、社会层面和个人层面。国家层面是"富强、民主、文明、和谐"；社会层面是"自由、平等、公正、法治"；个人层面是"爱国、敬业、诚信、友善"。国家层面的教育着重培养高职生爱国意识、增强爱国责任感、提升爱国的能力。社会层面的教育主要倾向于法治思想的培养，从小树立诚实守信、公平正义、遵纪守法等思想意识。个人层面的教育主要倾向于完善人格方面的内容，着重于独立自主、文明礼貌、诚实友善等个人品质的培养。

二、谁来做：铸牢高职生中华民族共同体意识的教育主体

（一）国家健全铸牢中华民族共同体意识的法律制度

20世纪50年代，美国社会心理学家奥尔波特基于消除群际偏见、促进群际和谐的目的，提出了著名的群际接触理论。经过70余年的发展和实践检验，群际接触理论已经被证实是消除偏见和促进和谐最有效的策略之一。为确保满足积极接触，奥尔波特提出了"四项最优条件"，其中一项就是"权威支持"。所谓的权威支持是指促成族群交往过程的外在力量，如政府鼓励、法律制度、社会习俗、道德规范等对群际接触给予的直接或间接支持（郝亚明，2015年）。铸牢中华民族共同体意识，本质上就是要消除各民族间的偏见，促进各民族的交往交流交融，实现民族大团结。铸牢中华民族共同体意识，自古以来都是各族人民的夙愿，但真正将之上升至国家战略是在党的十八大之后，特别是在党的十九大以后，铸牢中华民族共同体意识被写进党的十九大报告和党章，被确立为党和国家新时期民族工作的"纲"，一切民族工作都要围绕"铸牢中华民族共同体意识"来开展。2019年10月，中共中央办公厅、国务院办公厅印发了《关于全面深入持久开展民族团结进步创建工作铸牢中华民族共同体意识的意见》（以下简称《意见》）。《意见》指出，中华民族共同体意识是国家统一之基、民族团结之本、精神力量之魂。适应新时代发展历史方位，以各族群众为主体，以铸牢中华民族共同体意识为根本方向，以加强各民族交往交流交融为根本途径，全面深入持久开展民族团结进步创建工作，是推进民族团结进步事业发展的必然要求，也是实现中华民族伟大复兴中国梦的必然要求。2020年11月，"铸牢中华民族共同体意识"被写进《中共中央关于制定国民经济和社会发展第十四个五年规划和二〇三五年远景目标的建议》，2021年3月，又被写进《中华人民共和国国民经济和社会发展第十四个五年规划和2035年远景目标纲要》（简称"十四五规划"），指出要坚持和完善民族区域自治制度，全面贯彻党的民族政策，铸牢中华民族共同体意识，促进各民族共同团结奋斗、共同繁荣发展。"铸牢中华民族共同体意识"是在

2014年以后，特别是在党的十九大以后才逐渐成为人们关注和研究的热点。党和国家需要在政策和法律层面做好顶层设计，健全相关法律制度，提升民族事务治理的现代化水平，全面贯彻落实宪法和民族区域自治法，依法保障各民族公民合法权益，坚决打击破坏民族团结和制造民族分裂的违法犯罪行为，为铸牢中华民族共同体意识保驾护航。

（二）社会营造铸牢中华民族共同体意识的良好氛围

本研究的采样范围虽然有限，但也可以窥见各地区在铸牢中华民族共同体意识方面所存在的差异性。各地区由于在经济发展水平、教育质量和社会环境等方面存在差异，可能会在一定程度对铸牢中华民族共同体意识的宣传教育工作产生影响。《意见》特别指出，要深化民族团结进步宣传教育，健全民族团结进步教育常态化机制，把铸牢中华民族共同体意识纳入国民教育规划，改进民族团结进步宣传载体和方式。要推动民族团结进步创建工作向纵深拓展，把重心下沉到社区、乡村、学校、企业等基层单位。加强民族团结进步示范区和示范单位建设……推动各级示范区建设特色鲜明的民族团结进步示范单位。大力营造中华民族一家亲的社会氛围。

（三）学校构建铸牢中华民族共同体意识的课程体系

2020年8月，习近平总书记在中央第七次西藏工作座谈会上强调："要重视加强学校思想政治教育，把爱国主义精神贯穿各级各类学校教育全过程，把爱我中华的种子埋入每个青少年的心灵深处。"学校是铸牢高职生中华民族共同体意识的教育主阵地，要积极利用自身教育优势资源，努力构建铸牢中华民族共同体意识的课程体系，特别是要把铸牢中华民族共同体意识融入学生思想品德教育课程，让中华民族共同体意识进校园、进课堂、进课本、入人心。主要有以下几点做法：一是根据不同年级学生的身心发展水平，合理设计教学大纲；二是根据教学大纲搜集教学资料和编写教案教材；三是组织开展教师能力培训，有条件的学校可以长期开设固定的民族团结进步教育类课程，定期组织教师进行业务能力培训；四是设计和指定评价考核标准；五是强化课外教育宣传工作，努力营造良好学习氛围。

（四）家庭提高铸牢中华民族共同体意识的教育意识

本研究结果表明，关于针对高职生开展铸牢中华民族共同体意识教育，有8.3%的人表示"从来没有"进行过相关教育，有54.7%的人表示"偶尔开展，但不是有意识的"，有29.9%的人表示"比较多，部分是有意识的"，只有7.2%的人表示"非常多，几乎是有意识的"。可见，家长对高职生开展铸牢中华民族共同体意识的教育频率和主动意识并不高。家庭是孩子的第一所学校，家长是孩子的第一任老师，家庭和家长对孩子的影响十分深远。因此，在铸牢高职生中华民族共同体意识的教育过程中，务必重视家庭教育的功能，发挥其积极主动性。家长要提高教育的主动意识，要有意识地引导和教育孩子学习中华文化、中国历史和党史等，让孩子深刻理解自己的根脉所在，从小树立正确的历史观、文化观、民族观和国家观，将"爱我中华"的基因埋进孩子心灵深处。

三、怎么做：铸牢高职生中华民族共同体意识的教育途径

（一）加强国家通用语言文字的普及教育

我国幅员辽阔，人口众多，是一个统一的多民族国家，数千年来，始终是多元一体格局，最主要的原因就是非常重视通用语言文字的推广和使用，自秦朝以后的每个朝代都秉承了这一优良传统，都把使用通用语言文字作为治国理政的基本国策。党的十八大以后，习近平总书记也曾多次强调要认真做好推广普及国家通用语言文字工作，全面推行使用国家统编教材。加强国家通用语言文字的推广教育，是铸牢中华民族共同体意识的基础性教育工作。因为我国幅员辽阔、人口众多，各民族由于历史原因生活在不同的地区，有着不同的方言和文字，如不统一使用国家通用语言文字，各民族、各地区之间的人们就难以实现有效沟通。没有沟通，就难以实现互通有无、相互理解，

中华民族共同体意识将失去文化根基成为空中楼阁。

（二）以文学艺术、影视歌曲等形式展现国家形象

自古以来，艺术就是人们实现思想宣传的最佳途径之一，这是艺术天生被赋予的功能。在铸牢中华民族共同体意识的教育过程中，可以充分利用好文学、影视和歌曲等形式，向高职生宣传普及中华优秀文化、民族风情、历史典故、革命事迹等，帮助他们树立正确的文化观、历史观、民族观和国家观。此外，也要注意净化高职生成长的环境，自媒体时代，各种外来文化和极端思潮充斥着网络，高职生极易获取这些资讯，但他们又还不能准确分辨和选择相关信息，不良信息会对他们的身心健康造成不利影响。因此，我们在积极利用艺术表达形式的同时，也要注意净化"杂质"，努力提高高职生获取中华经典文化的"纯度"。

（三）学校增设中华民族交往交流交融史专题教育

铸牢中华民族共同体意识，学校始终是教育的主阵地，要充分发挥主阵地的优势作用。各级各类学校可以结合本地区和本校的实际情况，制定教学大纲，编写教案和教材，或是定期开展专题教育。其中最主要的教育内容就是要开展中华民族交往交流交融史的教育，教育形式可以多样化，可以采用讲述历史人物、事迹典故等形式开展，或是通过案例分析、讨论交流等形式进行。相关政府部门也要尽快审批允许编写教学大纲和教材，这样会更加有利于对高职生开展铸牢中华民族共同体意识的相关教育活动。

（四）家庭重视民族传统文化传承教育

传统文化主要是指经过历史积淀之后被流传下来的各种物质文明、制度和精神文明的总和，它是相对于当代文化和外来文化的另一种文化形式统称。典型的中华传统文化包括儒家、佛家、道家、法家等诸子百家，具体的表现形式则有诗、词、歌、赋、曲、戏曲、书法、国画，以及饮食文化、服饰文化、建筑文化、武术文化、生活习俗、医药文化、节日文化、祭祀文化

等。以上种种文化形式都是中华民族在数千年的历史中逐渐积淀下来的，它们都源自百姓的生活。可见，作为社会组织最基本的单元——家庭必然是传承传统文化的重要场所之一，比如饮食文化、服饰文化、生活习俗、节日文化、祭祀文化等，都是家庭生活中常见的内容。与此同时，家庭又是个体成长、接受早期教育和习得民族传统文化最重要的场所。习近平总书记曾指出："优秀传统文化是一个国家、一个民族传承和发展的根本，如果丢掉了，就割断了精神命脉。"因此，家庭应在民族文化传承方面发挥重要作用，家长要有意识地向孩子传授本民族和中华传统优秀文化，延续民族不断向前发展的根与脉。

（五）社区强化民族大团结宣传教育

铸牢高职生中华民族共同体意识，社区是一个教育主体，其重要职责就是宣传教育和营造氛围。要充分利用各种宣传平台、媒体，开展专栏专版宣传，全方位多角度地开展宣教工作。具体的宣教内容包括马克思主义民族理论、党和国家的民族政策、民族区域自治制度和法律法规等。也可以开展一些专门的培训活动，广泛深入地开展"三个离不开""一个也不能少"等和各族人民"同呼吸、共命运、心连心"的思想教育，努力创造各族交往交流交融的有利条件，打造坚不可摧的中华民族共同体。

（六）中华民族共同体意识融入学校思政教育课程

学校是高职生铸牢中华民族共同体意识的主阵地，在思想政治教育课程中不断加强民族团结进步教育，是深入贯彻落实党的教育方针，着力解决"培养什么人、怎么样培养人和为谁培养人"的根本问题。要统筹规划思想政治教育相关课程，充分挖掘课程内容中所蕴含的中华民族共同体意识元素。重点是要将"五个认同""三个离不开"和"一个也不能少"的思想融入课程教学，帮助高职生牢固树立正确的历史观、民族观和国家观。

（七）通过宣传重大历史事件，增强民族凝聚力

重大历史事件指的是在历史上具有重大深远影响力的历史事件。历史是最好的教科书和营养剂，强化历史重大事件的宣传教育，有助于增强高职生对民族和国家的认同感。基于铸牢高职生中华民族共同体意识的教育目的，应选择那些能够表现和促进民族团结的重大历史事件进行宣传和教育。如文成公主进藏、土尔扈特部落东归祖国、抗日战争、香港和澳门回归祖国、1998年特大洪水抢险、5·12汶川大地震、北京奥运会、抗击新冠肺炎疫情、脱贫攻坚事业等。需要从这些重大历史事件中凝练出爱国主义、集体主义和社会主义思想精神，努力将民族大团结和中华民族命运共同体意识印刻在高职生的心灵深处，真正做到入脑入心。

第四节　完善民族团结教育的基础保障

完善的基础保障是教育能顺利开展和达到预期效果的重要因素。根据前期的研究结果，结合高职院校的实际情况，本节将从强化组织领导、完善教学资源、强化师资建设、创新教育方法、提高经费投入五个方面进行阐释，以期能够从宏观层面对高职院校开展民族团结教育提供参考。

一、强化学校民族团结教育组织领导

习近平总书记在中央民族工作会议上曾强调："加强和完善党的全面领导，是做好新时代党的民族工作的根本政治保证。"[①] 中国共产党自成立之日起，就十分重视民族问题和民族工作。中华人民共和国成立以后，将马克思主义民族理论同中国的实际情况相结合，创造性地走出了一条具有中国特色的正确道路。历史充分证明，坚持中国共产党的领导是民族工作取得成功的根本保证，是实现中华民族大团结和各民族繁荣发展的定海神针。坚持中国

---

① 引自2021年8月习近平总书记在中央民族工作会议上的讲话内容。

共产党的领导和坚持中国特色社会主义发展道路，是中华民族做出的正确历史选择，也是全体中华儿女共同的行为期许。中国共产党是中华民族发展的核心推力，中国特色社会主义是前进方向，只有中国共产党能够成为凝聚中华民族共同体意识的核心力量。因此，在高职院校开展民族团结教育，关键在于坚持党的领导，要在党的领导下建立健全民族团结教育领导机制。比如成立民族团结教育领导小组，在领导小组的指导下组织开展教育大纲的编撰，并由该领导小组指导和督促民族团结教研室实施具体的教育教学工作，确保高职院校民族团结教育活动的开展有秩序、有质量、有保证。

二、完善民族团结教育教学资源库建设

完善民族团结教育教学资源库建设，可从三个方面进行：一是要加快全国通用教材的编写工作，尽快使用全国普适性的统一教材，主要从中华民族的整体视角进行编撰，这对铸牢中华民族共同体意识具有十分重要的意义。二是省级通用教材的编写和修订，比如贵州省可以在现有教材《贵州省情》的基础上增设反映贵州地区民族交往交流交融史和民族文化发展史等内容的章节，或是重新编撰一本反映贵州省民族发展及民族交融史的教材，特别是可以挖掘当年红军长征过境贵州时发生的各种感人故事或英雄事迹，因为贵州是红军长征活动范围最广、时间最长和影响较深的省份，其中有太多的故事和素材可以使用，这是历史留给贵州最宝贵的精神财富，理应充分利用。三是各高职院校可以根据国家和本地区的有关规定，结合本校发展历史及特色，自行编撰一些校本教材。如此，便可多角度、多层次、全方位对高职生实施民族团结教育。

三、强化民族团结教育师资队伍建设

以往的相关研究和本研究的结果都表明，目前高职院校几乎都还没有专业的民族团结教育师资队伍。因此，强化民族团结教育师资队伍建设、配齐教师编制是开展民族团结教育的当务之急。各学校可根据自身情况灵活协调，

抽调本校现有相关师资组建民族团结教育教研室，具体负责民族团结教育的教学和研究工作。有条件的学校要加快专业人才的招聘与培养，加大人才引进力度，强化教师继续教育，不断充实和提升民族团结教育师资队伍，确保民族团结教育顺利实施。

四、创新民族团结教育的方法与载体

从调查结果可知，目前各高职院校开展民族团结教育的方法和载体非常单一和传统，主要是借助其他相关课程实现教学目的。但实践证明，这种做法效果并不显著。因此，各高职院校需要不断创新教学方法和载体，引进新的教学理念与思路，增加学生动手实践的感受性，而不仅仅是课堂传授性的理论讲解。比如，有条件的学校可以增加爱国主义教学基地实地参观教学，把枯燥的理论知识学习转化为生动形象的实际感受教学；也可以把历史上发生的一些重大历史事件和感人的英雄事迹变成沙盘模拟的形式让学生切身感受，增加教学实践活动的比例，激发学生参与的积极性和学习的主动性。

五、提高师生民族团结教育经费投入

充裕的经费不仅是保障教育教学活动顺利进行的基础性因素，更是上级主管部门和学校对此项工作重视程度的体现。从调查结果来看，目前很多高职院校投入到民族团结教育工作的专项经费十分有限，基本上都在使用思政经费和宣传经费，这必然会挤占其他项目经费的使用空间。由于经费的欠缺，此项工作的顺利开展自然会受影响。因此，建议各高校在条件允许的情况下，设立民族团结教育专项经费预算，专门用于开展相关教育教学活动。国家和地区有关主管部门也要尽快出台相应的指导性方针政策，以便各高职院校能够更好地开展工作。

各地区高职院校需要根据国家有关规定，结合自身实际，灵活制定计划措施，保证民族团结教育各项工作顺利实施，确保组织领导到位、人员配备到位、经费保障到位、教学资源到位。

参考文献

一、著作教材

［1］阿皮亚.认同伦理学［M］.张容男,译.南京:译林出版社,2013.

［2］阿尔蒙德,巴维.公民文化:五个国家的政治态度和民族制度［M］.张明澍,译.北京:商务印书馆,2014.

［3］爱德华·莫迪默,罗伯特·法恩.人民·民族·国家——族性与民族主义的含义［M］.刘泓,黄海慧,译.北京:中央民族大学出版社,2009.

［4］本尼迪克特·安德森.想象的共同体:民族主义的起源与散布［M］.吴叡人,译.上海:上海人民出版社,2011.

［5］邓小平.邓小平文选(第二卷)［M］.北京:人民出版社,1993.

［6］斐迪南·滕尼斯.共同体与社会［M］.林荣远,译.北京:商务印书馆,2018.

［7］费孝通.中华民族多元一体格局［M］.北京:中央民族大学出版社,1999.

［8］国家民族事务委员会.铸牢中华民族共同体意识——全国民族团结进步表彰大会精神辅导读本［M］.北京:民族出版社,2021.

［9］国家民族事务委员会研究室.中国共产党主要领导人论民族问题［M］.北京:民族出版社,1994.

［10］哈拉尔德·米勒.文明的共存——对塞缪尔·亨廷顿"文明冲突论"的批判［M］.郦红,那滨,译.北京:新华出版社,2002.

［11］C.A.冯·皮尔森.文化战略［M］.北京:中国社会科学出版社,

1992.

［12］韩大元.1954年宪法与新中国宪政［M］.长沙：湖南人民出版社，2004.

［13］汉斯·摩根索.国家间政治权力斗争与和平［M］.徐昕，等译.北京：北京大学出版社，2006.

［14］何群.民族社会学和人类学应用研究［M］.北京：中央民族大学出版社，2009.

［15］侯杰泰，温忠麟，等.结构方程模型及其应用［M］.北京：教育科学出版社，2004.

［16］Jerry M.Burger.人格心理学［M］.陈会昌，等译.北京：中国轻工业出版社，2004.

［17］江宜桦.自由主义、民族主义与国家认同［M］.台北:扬智文化出版社，1998.

［18］雷蒙·威廉斯.关键词：文化与社会的词汇［M］.刘建基，译.北京：生活·读书·新知三联书店，2005.

［19］梁启超.论中国学术思想之变迁之大势［M］.上海：上海古籍出版社，2006.

［20］Luthans F，Carolyn M，Bruce J，et al.心理资本：打造人的竞争优势［M］.李超平，译.北京：中国轻工业出版社，2008.

［21］迈尔威利·斯图沃德.当代西方宗教哲学［M］.周伟驰，胡自信，译.北京：北京大学出版社，2001.

［22］毛泽东.毛泽东文集（第七卷）［M］.北京：人民出版社，1999.

［23］齐格蒙特·鲍曼.共同体［M］.欧阳景根，译.南京：江苏人民出版社，2003.

［24］塞缪尔·亨廷顿.谁是美国人？——美国国民特性面临的挑战［M］.北京：新华出版社，2010.

［25］塞缪尔·亨廷顿.文明的冲突与世界秩序的重建［M］.北京：新

华出版社，2002.

[26] 施展．枢纽——3000 年的中国 [M]．桂林：广西师范大学出版社，2020.

[27] 汪向东．心理卫生评定量表手册（增订版）[M]．中国心理卫生杂志，1999.

[28] 王建平．变态心理学 [M]．北京：高等教育出版社，2005.

[29] 王柯．从天下国家到民族国家——历史中国的认知与实践 [M]．上海：上海人民出版社，2020.

[30] 王明珂．华夏边缘：历史记忆与族群认同 [M]．上海：上海人民出版社，2020.

[31] 吴明隆．结构方程模型——Aoms 的操作与应用 [M]．重庆：重庆大学出版社，2009.

[32] 许宛欣，王冠乐，李亭钰，等．最新大学生心理干预及健康训练方案全集 [M]．北京：高等教育出版社，2012.

[33] 严玲，常雅娟．大学生心理健康教育 [M]．北京：高等教育出版社，2012.

[34] 杨国枢．社会及行为科学研究法（下册）[M]．重庆：重庆大学出版社，2006.

[35] 尹可丽，尹绍清，龙肖毅．云南青少年民族团结心理与教育 [M]．北京：中国社会科学出版社，2018.

[36] 中共中央统战部．民族问题文献汇编 [M]．北京：中共中央党校出版社，1991.

[37] 中共中央文献研究室，国家民族事务委员会．毛泽东民族工作文选 [M]．北京：中央文献出版社，2014.

[38] 中国共产党．中国共产党党章 [M]．北京：人民出版社，2017.

[39] 中央党史馆．中共中央文件选集（第一册）[M]．北京：中共中央党校出版社，1989.

二、期刊报纸

［1］艾娟.扩展群际接触：观点、机制与展望［J］.心理科学进展 2016，24（5）：836—843.

［2］包伟.新时代青少年民族团结教育问题及对策研究［J］.吉林省教育学院学报，2021，37（7）：165—168.

［3］奔厦·泽米，吴宇.新时期的高校民族团结教育及其路径选择［J］.西北民族研究，2011（3）：231—237.

［4］柴民权，管健.新生代农民工积极群际接触的有效性：基于群体身份与认同视角［J］.心理科学，2015，38（5）：1170—1177.

［5］陈晋旭.当代大学生对党的认同教育体系的研究［J］.长春理工大学学报，2012，7（10）：93—95.

［6］陈晶，佐斌.群际接触理论介评［J］.心理学探新，2004，24（1）：74—77.

［7］陈立鹏，范航.基于心理测量学的民族团结意识量表的编制［J］.民族教育研究，2021，32（4）：75—81.

［8］陈玲.影响大学生人际交往的心理因素及对策探讨［J］.武汉理工大学学报（社会科学版），2001，14（5）：504—506.

［9］陈明明.从超越性革命到调适性发展：主流意识形态的演变［J］.天津社会科学，2011（6）：62—72.

［10］杜天骄，于娜，郭淑英.医学大学生自我和谐、人际关系与心理健康关系研究［J］.中国高等医学教育，2007（1）：69—70.

［11］范晓玲，伍如昕，刘丽琼，等.高中生人际归因、社交焦虑及其关系的研究［J］.中国临床心理学杂志，2007，15（2）：196—197.

［12］付春新，李清贤.大学生宿舍人际冲突的调查——以安徽16所高校为例［J］.阜阳师范学院学报（社会科学版），2013（4）：99—104.

［13］高丙中.中国的公民社会发展状态——基于"公民性"的评价［J］.

探索与争鸣, 2008（2）: 8—14.

［14］高承海, 侯玲, 万明钢. 民族接触促进跨民族互动的心理机制［J］. 西北师大学报（社会科学版）, 2014（6）: 30—35.

［15］高承海, 万明钢. 群际接触减少偏见的机制: 一项整合的研究［J］. 心理科学, 2018, 41（4）: 922—928.

［16］高承海, 杨阳, 董彦彦, 等. 群际接触理论的新进展: 想象性接触假说［J］. 世界民族, 2014,（4）: 1—10.

［17］高强. 大学生自我和谐与人际关系满意感的关系［J］. 内蒙古师范大学学报（社科版）, 2008, 37（6）: 146—148.

［18］关凯. 社会竞争与族群建构: 反思西方资源竞争理论［J］. 民族研究, 2012（5）: 1—11.

［19］管健. 跨民族友谊: 铸牢中华民族共同体意识的积极路径［J］. 西南民族大学学报（社科版）, 2020（4）: 217—222.

［20］郝亚明. 国家认同与族群认同的共生: 理论评述与探讨［J］. 民族研究, 2017（4）: 25—37.

［21］郝亚明. 西方群际接触理论研究及启示［J］. 民族研究, 2015（3）: 13—24.

［22］何怀远. 意识形态的内在结构浅论［J］. 江苏行政学院学报, 2001（2）: 13—17.

［23］何雪琴. 西方群际接触理论的相关研究及展望［J］. 民族高等教育研究, 2020, 8（1）: 55—59.

［24］洪盛志. 论民族院校大学生中华民族共同体意识培育工程的构建［J］. 当代教育实践与教学研究, 2018（5）: 171—172.

［25］黄飞, 王昌成, 石宽宽, 等. 多维族际接触量表的建构与检验——以维汉族际为例［J］. 心理技术与应用, 2018, 6（5）: 291—309.

［26］简才永, 彭彪, 植凤英, 等. 贵州民族地区青少年自我和谐与人际和谐的关系［J］. 兴义民族师范学院学报, 2011（5）: 82—86.

［27］简才永，王慧，钟媛媛，等.贵州省青年教师心理健康服务需求现状与对策［J］.保健医学研究与实践，2021，18（4）：38—44.

［28］简才永，张乾宁子，植凤英.高职生羞怯、焦虑、孤独与人际和谐的关系［J］.贵州师范大学学报（自然科学版），2015，33（1）：42—45.

［29］简才永，植凤英.贵州民族地区中学生人际和谐的结构与问卷编制［J］.贵州师范大学学报（自然科学版），2013，31（6）：26—31.

［30］简才永，钟媛媛，陆昀，等.青年教师心理健康服务需求的概念、结构与问卷编制［J］.贵州师范学院学报，2020，36（3）：42—50.

［31］姜术容.论群际接触理论的核心：过失无知抑或其他——兼与陈晶、佐斌教授商榷［J］.民族论坛，2015（10）：18—29.

［32］姜永志，侯友，白红梅.中华民族共同体意识培育困境及心理学研究进路［J］.广西民族研究，2019（3）：105—111.

［33］姜永志，张海钟.省域居民自我和谐与人际信任关系的心理研究［J］.健康研究，2010，30（1）：24—28.

［34］姜玉飞，黄恩，邵海燕，等.大学生人际关系敏感与归因风格及相关因素的研究［J］.中国行为医学科学，2005，14（2）：148—149.

［35］蒋文静，祖力亚提·司马义.学校铸牢中华民族共同体意识的逻辑层次及实践路径［J］.民族教育研究，2020，31（1）：13—21.

［36］焦敏，黄德林.高校开展民族团结教育的保障机制研究［J］.学校党建与思想教育，2013（25）：90—91.

［37］焦敏.高校民族团结教育应加强"中华民族命运共同体"认同意识教育［J］.民族教育研究，2017，28（5）：12—16.

［38］焦敏.近十五年高校民族团结教育研究综述［J］.民族论坛，2015（3）：105—108.

［39］康春英.对民族院校开展民族团结教育的认识和思考［J］.思想理论教育导刊，2005（1）：51—54.

［40］孔兆政，张毅."天下"观念与中国民族团结意识的建设［J］.中

南大学学报（社会科学版），2010，16（1）：40—45.

[41]雷振扬,兰良平.铸牢中华民族共同体意识: 研究现状与深化拓展[J].中南民族大学学报（社科版），2020，40（4）：24—31.

[42]李彩娜，党健宁，何珊珊，等.羞怯与孤独感——自我效能的多重中介效应[J].心理学报，2013，45（11）：1251—1260.

[43]李春丽.新时代爱国主义教育的新内容与新要求[J].教育家，2019（37）：11—13.

[44]李宏伟，金昱彤.少数民族地区青少年民族团结教育研究——以甘南藏族自治州为例[J]，甘肃高师学报，2016，21（8）：39—44.

[45]李明，何雪娟，尚文晶，等.承德市高校大学生人际信任、自我和谐与交往焦虑的相关研究[J].承德石油高等专科学校学报，2011，13（1）：85—87.

[46]李森森，龙长权，陈庆飞，等.群际接触理论———一种改善人际关系的理论[J].心理科学进展，2010，18（5）：831—839.

[47]李尚旗，郭文亮.中华民族共同体意识培育面临的挑战及路径选择[J].思想教育研究，2019（1）：62—66.

[48]李双.大学生自我和谐与人际关系困扰相关研究[J].唐山师范学院学报，2008，30（4）：134—136.

[49]李颖.群际接触理论介绍及其发展[J].山西经济管理干部学院学报，2008，16（3）：62—68.

[50]刘峰，左斌.群际接触中的群际隔离微生态[J].心理科学，2018，41（1）：154—159.

[51]刘吉昌，金炳镐.构筑各民族共有精神家园，培养中华民族共同体意识[J].西南民族大学学报（社科版），2017（11）：28—33.

[52]刘林平.交往与态度：城市居民眼中的农民工——对广州市民的问卷调查[J].中山大学学报（社会科学版），2008，48（2）：183—201.

[53]刘小利，卢国华.医学生社会支持、心理控制源与人际关系敏感的

关系［J］.中国健康心理学杂志，2009，17（8）：966—968.

［54］刘阳，孙秀玲，李红，等.维族大学生面孔识别的本族效应：群际接触的影响［J］.心理科学，2014，26（3）：683—688.

［55］刘阳.群际接触理论的研究进展［J］.理论观察，2016（2）：95—97.

［56］罗鸣春.民族团结心理的结构与功能［N］.中国社会科学报，2016—02—22（6）.

［57］马钟范.当前民族地区高校构建民族团结教育课程体系探析［J］.黑龙江民族丛刊，2015（5）：149—153.

［58］彭燕.贫困大学生心理资本的开发——以西南交通大学为例［J］.西南交通大学学报（社会科学版），2013，14（3）：93—96.

［59］平维彬，严庆.从文化族类观到国家民族观的嬗变——兼论"中华民族共同体意识"的理论来源［J］.贵州民族研究，2017，38（4）：1—6.

［60］平维彬.历史、当下与未来：铸牢中华民族共同体意识的三重向度［J］.贵州民族研究，2019，40（9）：13—20.

［61］乔姗姗，党垒，张继焦.铸牢中华民族共同体意识研究的三个维度［J］.民族学刊，2021，12（6）:11—18，116.

［62］青觉，徐欣顺.中华民族共同体意识：概念内涵、要素分析与实践逻辑［J］.民族研究，2018（6）：1—14.

［63］青觉，赵超.中华民族共同体意识的形成机理、功能与嬗变——一个系统论的分析框架［J］.民族教育研究，2018，29（4）：5—13.

［64］商爱玲.铸牢大学生的中华民族共同体意识［J］.西南政法大学学报，2018，20（1）：3—8.

［65］史佳鑫，刘力，张笑笑.在京藏族大学生身份认同对群际接触的影响：适应策略的作用［J］.中国临床心理学，2014，22（4）：668—675.

［66］宋涛，龚永辉.民族意识调控简论［J］.桂海论丛，2002，18（2）：69—72.

［67］孙杰远.论民族地区社会治理的认同逻辑与教育支持［J］.教育研究，2018，39（11）：114—119.

［68］孙琳.铸牢少数民族大学生的中华民族共同体意识探究——以群际接触作为一种理论视角与实践策略［J］.西南民族大学学报（社会科学版），2020（5）：13—17.

［69］孙晓军，牛更枫，周宗奎，等.大学生的人际归因倾向、网络交往动机与网络人际关系成瘾的关系研究［J］.心理科学，2014，37（6）：1397—1403.

［70］万奎，黄祖辉.基于"三个起来"视角的"概论"课教学中大学生党的领导认同教育探析［J］.齐齐哈尔大学学报（哲学社会科学版），2021（6）：184—188.

［71］王崇，王喜春.民族高校民族团结"六进"教育模式初探——以大连民族大学为例［J］.内蒙古师范大学学报（教育科学版），2015（5）：23—24.

［72］王春莉，廖凤林.父母教养方式与高中生抑郁情绪的相关性［J］.中国临床康复，2005（20）：35—37.

［73］王登峰，黄希庭.自我和谐与社会和谐——构建和谐社会的心理学解读［J］.西南大学学报（人文社会科学版），2007，33（1）：1—7.

［74］王军.工科院校大学生自我和谐感与人际交往能力的关系研究［J］.心理科学，2007，30（6）：1500—1502.

［75］王姗萍.加强大学生民族团结教育的时代意义［J］.边疆经济与文化，2010（10）：75—76.

［76］王希恩.中华民族建设中的认同问题［J］.西南民族大学学报（人文社会科学版），2019（5）：5—7.

［77］王晓玲.论群际接触对跨文化敏感的影响 ———一项基于民族院校和非民族院校学生的实证研究［J］.宁夏社会科学，2012（1）：136—141.

［78］王晓一，李薇，杨美荣.大学生人际信任与自我和谐的相关研究［J］.

中国健康心理学杂志，2008，16（6）：646—447.

［79］王亚鹏.接触假说研究的新进展及其接触在减少偏见中的作用［J］.社会心理科学，2001（1）：5—8.

［80］王云芳.中华民族共同体意识的社会建构：从自然生成到情感互惠［J］.中央民族大学学报（哲学社会科学版），2020，41（1）：43—52.

［81］卫茹静.多元文化背景下高校民族团结教育研究［J］.上海管理科学，2014，36（2）：91—94.

［82］吴荣.论民族院校大学生的民族观教育［J］.西南民族大学学报（哲学社会科学版），2003，24（10）：240—242.

［83］吴伟炯，刘毅，路红，等.本土心理资本与职业幸福感的关系［J］.心理学报，2012，44（10）：1349—1370.

［84］肖进，孙依娃，周慧昕.宿舍人际关系对大学生心理资本影响的实证研究［J］.中国林业教育，2013，31（4）：1—4.

［85］辛素飞，明朗，辛自强.群际信任的增进：社会认同与群际接触的方法［J］.心理科学进展，2013，21（2）：290—299.

［86］辛志军.赢得青年：社会主义道路认同教育的逻辑起点［J］.西南交通大学学报（社会科学版），2017，18（6）：9—17.

［87］闫丽娟，李智勇."中华民族共同体意识"的理论渊源探析［J］.广西民族研究，2018（4）：9—16.

［88］杨会芹，刘晖，王改侠.农村籍大学毕业生心理资本对生活压力与心理健康关系的调节效应［J］.中国临床心理学杂志，2013，21（2）：160—162.

［89］殷永贵，赵志刚，程家国.大学生公民意识教育研究［J］.产业与科技论坛，2010，9（2）：171—173.

［90］于海涛，杨金花，张雁军，等.想象接触减少偏见：理论依据、实践需要与作用机制［J］.心理科学进展，2013，21（10）：1824—1832.

［91］于衍学.基于三个认知维度的中华民族共同体意识理论体系建构［J］.

西南民族大学学报（社科版），2019（12）：17—23.

　　［92］岳小国.分析族群冲突问题的新模式——试评 Thnic Conflict：Commerce，Culture，and Contact Hypothesis［J］.三峡论坛，2012（2）：144—146.

　　［93］臧宏.论加强大学生公民意识的培养［J］.思想教育研究，2008（11）：54.

　　［94］张桂珍.民族高校开展民族团结教育的有效途径［J］.大连民族学院学报，2013，15（6）：665—667.

　　［95］张卫东.应对量表（COPE）测评维度结构研究［J］.心理学探新，2001，33（1）：55—62.

　　［96］张小军."中华民族共同体"的差序格局及其文化实践［J］.广西民族大学学报（哲学社会 科学版），2020，42（1）：58—67.

　　［97］张效芳，杜秀芳.父母教养行为对初中生学校适应的影响：心理资本的中介作用［J］.中国特殊教育，2014（1）：67—72.

　　［98］赵铁锁，肖光文.中国共产党民族团结政策的历史考察［J］.中国延安干部学院学报，2010（2）：51—55.

　　［99］甄美荣，彭纪生.心理资本理论及其最新研究进展［J］.生产力研究，2010（7）：206—208.

　　［100］周大鸣.论族群与族群关系［J］.广西民族大学学报（哲学社会科学版），2001，23（2）：13—25.

　　［101］周晓红.中国经验与中国体验：理解社会变迁的双重视角［J］.天津社会科学，2011（6）：38—51.

　　［102］祖力亚提·司马义，蒋文静.中华民族共同体意识的结构层级及其关系［J］.中南民族大学学报（人文社会科学版），2021，41（1）：19—28.

　　［103］左斌，秦向荣.中华民族认同的心理成分和形成机制［J］.上海师范大学学报，2011，40（4）：68—76.

［104］2010 年—2016 年高校民族团结教育研究综述［J］.山西青年，2017（18）：56—57.

三、学位论文

［1］白雪.思想政治教育视域下大学生公民意识教育对策研究［D］.西安：西安科技大学，2013.

［2］陈菲菲.陕西高校大学生民族认同教育研究［D］.西安：西安科技大学，2018.

［3］宫东梅.当代大学生公民意识教育内容体系研究［D］.长春：东北师范大学，2012.

［4］李艳敏.想象性群际接触、接触经验对农民工内隐偏见的影响［D］.苏州：苏州大学，2012.

［5］骆育芳.加强新疆大学生中华民族共同体意识培育研究［D］.乌鲁木齐：新疆师范大学，2017.

［6］秦向荣.中国 11 至 20 岁青少年的民族认同及其发展［D］.武汉：华中师范大学，2005.

［7］盛瑞金.大学生公民意识教育体系构建研究［D］.济南：山东大学，2014.

［8］苏辉.现代社会大学生公民意识培养研究［D］.杭州：中国计量学院，2014.

［9］谭登梅.大学生社会主义公民意识教育内容于途径研究［D］.重庆：重庆工商大学，2015.

［10］谭玉林.我国民族团结教育理论与实践研究［D］.北京：中央民族大学，2011.

［11］王俊伟.大学生公民意识现状及教育探析［D］.重庆：西南政法大学，2013.

［12］曾禹彬.铸牢民族高校大学生中华民族共同体意识的研究——以 X

民族大学为例 [D]. 成都：西南民族大学，2020.

四、外文期刊

[1]Aberson C L, Shoemaker C, Tomolillo C. Implicit Bias and Contact: The Role of Inter Ethnic Friendships [J]. The Journal of Social Psychology, 2004, 144 (3), 335—347.

[2]Amichai – Hamburger Y, McKenna K. The Contact Hypothesis Reconsidered: Interacting via the Internet [J].Journal of Computer — Mediated Communication, 2006, 11 (3): 825—843.

[3]Anderson C A. Attributional Style, Depression, and Loneliness: A Crosscultural Comparison of American and Chinese Students [J]. Personality and Social Psychology Bulletin, 1999, 25 (4): 482—499.

[4]Andreas Pohlmann . National Attachment among Berlin and London Head Teachers: the Explanatory Impact of National Identity, National Pride and Supranational Attachment[J]. Educational Studies, 2012(11): 45—53.

[5]Austin R, Abbot L, Mulkeen A, Metcalfe N. Dissolving Boundaries: Crossnational Cooperation Through Technology in Education [J]. The Curriculum Journal, 2003, 14(1), 55—84.

[6]Blair I V, Ma J E, Lenton A P. Imagining Stereotypes Away: The Moderation of Implicit Stereotypes through Mental Imagery[J]. Journal of Personality and Social Psychology, 2001 (81): 828—841.

[7]Brambilla M, Ravenna M, Hewstone M. Changing Stereotype Content through Mental Imagery: Imagining Intergroup Contact Promotes Stereotype Change [J]. Group Processes and Intergroup Relations, 2012, 15 (3), 305—315.

[8]Carla J, Reginald J. Racial Identity, African Self–Consciousness, and Career Decision Making in African American College Women [J] .Journal of Multicultural Counseling and Development, 1998, 26 (1): 28—38.

［9］Cowden C R.Worry and Its Relationship to Shyness［J］.North American Journal of Psychology, 2005, 7（1）: 59—70.

［10］D. D. Roscoe, D. N. Christiansen. Exploring the Attitudinal Structure of Partisanship［J］. Journal of Applied Social Psychology, 2010, 40（09）: 469—476.

［11］Dovidio J F, Gaertner S L, Kawakami K. Intergroup Contact: the Past, Present, and Future［J］. Group Processes & Intergroup Relations, 2003, 6（1）: 5—21.

［12］Ferrin D L, Bligh M C, Kohles J C. It Takes Two to Tango: An Interdependence Analysis of the Spiralling of Perceived Trustworthiness and Cooperation in Interpersonal and Intergroup Relationships［J］. Organizational Behavior and Human Decision Processes, 2008（10）: 161—178.

［13］Fiona Kate Barlow, Stefania Paolin, et al. The Contact Caveat: Negative Contact Predicts Increased Prejudice More Than Positive Contacts Reduced Prejudice ［J］.Personality and Social Psychology Bulletin, 2012, 38（12）: 121—135.

［14］Garcia S M, Weaver K, Moskowitz G B, et al. Crowded Minds: The Implicit Bystander Effect［J］. Journal of Personality and Social Psychology, 2002（83）: 843—853.

［15］Harwood J, Vincze L. Undermining Stereotypes of Linguistic Groups through Mediated Intergroup Contact［J］.Journal of Language and Social Psychology, 2012, 31（2）: 157—175.

［16］Heiser N A, Turner S M, Beidel D C, et al.Differentiating Social Phobia from Shyness［J］.Journal of Anxiety Disord, 2009, 23（4）: 469—476.

［17］Husnu S, Crisp R J. Elaboration Enhances the Imagined Contact Effect ［J］. Journal of Experimental Social Psychology, 2010（46）: 943—950.

［18］Iskender M, Akin A. Social Self-Efficacy, Academic Locus of Control, and Internet Addiction［J］. Computers and Education, 2010, 54（4）: 1101—

1106.

[19]Leonie Huddy, Nadia Khatib. American Patriotism, National Identity, and Political Involvement[J]. American Journal of Political Science, 2007, 5(1): 65.

[20]Luthans F, Luthans K W, Luthans B C.Positive Psychological Capital: Beyond Human and Social Capital [J]. Business Horizons, 2004, 47(1): 45—50.

[21]Negative Affect-Life Satisfaction Relationship [J].Journal of Cognitive Psychotherapy, 2011, 25(2): 142—154.

[22]Ng Y L, Kulik C T, Bordia P. The Moderating Role of Intergroup Contact in Race Composition, Perceived Similarity, and Applicant Attraction Relationships [J]. Journal of Business and Psychology, 2016, 31(3), 415—431.

[23]Park S-Y.Mediated Intergroup Contact: Concept Explication, Synthesis, and Application [J].Mass Communication and Society, 2012, 15(1): 136—159.

[24]Path Analysis with American College Students [J].Social Behavior and Personality, 2002, 30(3): 263—270.

[25]Pereira A, Green E G T, Visintin E P. National Identification Counteracts the Sedative Effect of Positive Intergroup Contact on Ethnic Activism [J]. Frontiers in Psychology, 2017(8): 477.

[26]Pettigrew T F. Tropp L R A. Meta-Analytic Test of Integroup Contact Theory [J]. Journal of Personailty and Social Psychology, 2006, 90(5), 18—35.

[27]Pettigrew T F, Tropp L R, Wagner U, et al. Recent Advances in Intergroup Contact Theory[J]. International Journal of Intercultural Relations, 2011, 35(3), 271—280.

[28]Phinney J S. The Multigroup Ethnic Identity Measure: A New Scale for Use with Diverse Groups [J]. Journal of Adolescent Research, 1992, 7(2), 156—176.

[29]Rossalina Latcheva. Cognitive Interviewing and Factor-Analytic Techniques: A Mixed Method Approach to Validity of Survey Items Measuring National Identity[J].Springer, 2011 (12): 1176—1179.

[30]S.Greene. The Social - psychological Measurement of partisanship [J]. Political Behavior, 2002, 24(03): 193.

[31]Schiappa E, Gregg P B, Hewes D E. Can One TV Show Make a Difference? A Will & Grace and the Parasocial Contact Hypothesis [J].Journal of homosexuality, 2006, 51 (4): 15—37.

[32]Schiappa E, Gregg P B, Hewes D E. The Parasocial Contact Hypothesis [J].Communication Monographs, 2005, 72(1): 92—115.

[33]Stathi S, Cameron L, Hartley B, et al. Imagined Contact as A Prejudice-Reduction Intervention in Schools: The Underlying Role of Similarity and Attitudes [J]. Journal of Applied Social Psychology, 2014, 44 (8), 536—546.

[34]Stathi S, Tsantila K, Crisp R J. Imagining Intergroup Contact can Combat Mental Health Stigma by Reducing Anxiety, Avoidance and Negative Stereotyping [J]. The Journal of Social Psychology, 2012, 152 (6), 746—757.

[35]Stephan W G, Stephan C W. Intergroup Anxiety [J]. Journal of Social Issues, 1985, 41 (3), 157—175.

[36]Stephan W G, Stephan C W, Gudykunst W B. Anxiety in Intergroup Relations: A Comparison of Anxiety/Uncertainty Management Theory and Integrated Threat Theory [J]. International Journal of Intercultural Relations, 1999 (23): 613—628.

[37]Tam T, Hewstone M, Kenworthy J B, et al. Intergroup Trust in Northern Ireland [J]. Personality and Social Psychology Bulletin, 2009 (35): 45—59.

[38]Turner R N, Crisp R J. Imagining Intergroup Contact Reduces Implicit Prejudice [J]. British Journal of Social Psychology, 2010 (49): 129—142.

[39]Turner R N, West K. Behavioural Consequences of Imagining Intergroup

Contact with Stigmatized Out Groups［J］. Group Processes and Intergroup Relations，2012（15）：193—202.

［40］Turner R N，Crisp R J，Lambert E. Imagining Intergroup Contact can Improve Intergroup Attitudes［J］. Group Processes and Intergroup Relations，2007（10）：427—441.

［41］Turner R N，Tam T，Hewstone M.，et al. Contact between Catholic and Protestant School Children in Northern Ireland［J］. Journal of Applied Social Psychology，2013，43（2）：216—228.

［42］Turner R N，West K. Behavioural Consequences of Imagining Intergroup Contact with Stigmalized Out Groups［J］. Group Processes and Intergroup Relations，2012（10）：193—202.

［43］Vedder P，Wenink E，Van Geel M. Intergroup Contact and Prejudice between Dutch majority and Muslim Minority Youthin the Netherlands［J］.Cultural Diversity and Ethnic Minority Psychology，2017（4）：215—220.

［44］Vezzali L，Stathi S，Giovannini D. Indirect Contact through Book Reading：Improving Adolescents' Attitudes and Behavioral Intentions Toward Immigrants［J］. Psychology in the Schools，2012（49）：148—162.

［45］Wright S C，Aron A，McLaughlin-Volpe T，et al. The Extended Contact Effect：Knowledge of Cross-Group Friendships and Prejudice［J］. Journal of Personality and Social Psychology，1997（73）：73—90.

［46］Zimbardo P G.Shyness：What It Is，What to Do about It［M］.South Boston：Da Capo Press，1990.

五、重要文件

［1］国务院.中华人民共和国国民经济和社会发展第十四个五年规划和 2035 年远景目标纲要［EB/OL］.中华人民共和国中央人民政府官网，（2021-03-13）.http：//www.gov.cn/xinwen/2021-03/13/content_5592681.htm.

［2］教育部.完善中华优秀传统文化教育指导纲要［EB/OL］.中华人民共和国教育部官网，（2014-03-28）.http：//www.moe.gov.cn/srcsite/A13/s7061/201403/t20140328_166543.html.

［3］中共中央 国务院.中长期青年发展规划（2016—2025年）［EB/OL］.中华人民共和国中央人民政府官网，（2017-04-13）.http：//www.gov.cn/xinwen/2017-04/13/content_5185555.htm#1.

［4］中共中央、国务院.新时代爱国主义教育实施纲要［EB/OL］.中华人民共和国中央人民政府官网，（2019-11-12）.http：//www.gov.cn/zhengce/2019-11/12/content_5451352.htm.

［5］中共中央、国务院印.关于加强和改进新形势下民族工作的意见［EB/OL］.中华人民共和国中央人民政府官网，（2014-12-22）.http：//www.gov.cn/xinwen/2014-12/22/content_2795155.htm.

［6］中共中央.中共中央关于制定国民经济和社会发展第十四个五年规划和二〇三五年远景目标的建议［EB/OL］.中华人民共和国中央人民政府官网，（2020-11-03）.http：//www.gov.cn/zhengce/2020-11/03/content_5556991.htm.

［7］中共中央办公厅 国务院办公厅.关于全面深入持久开展民族团结进步创建工作铸牢中华民族共同体意识的意见［EB/OL］.中华人民共和国中央人民政府官网，（2019-10-23）.http：//www.gov.cn/xinwen/2019-10/23/content_5444047.htm.

［8］中共中央办公厅.关于培育和践行社会主义核心价值观的意见［EB/OL］.中国共产党新闻网，（2014-02-11）.http：//theory.people.com.cn/n/2014/0211/c40531-24320305.html.

［9］中央组织部、教育部党组.关于加强中小学校党的建设工作的意见［EB/OL］.中华人民共和国中央人民政府官网，（2016-09-29）.http：//www.gov.cn/xinwen/2016-09/29/content_5113729.htm.

附　录

附录一　第二章所用相关测评问卷

高职生民族团结心理结构测评问卷

亲爱的同学：

您好！我们诚挚地邀请您参加这项关于高职生民族团结心理的问卷调查。以下是一些描述您民族团结意识的问题，请您根据自身情况如实回答。此次调查一律采用匿名的方式进行，且所有资料只用于科学研究，所以请您放心作答。

在开始填写问卷之前，请认真阅读以下几点说明：

1. 以下所有题目都只选一个答案，只要在相应选项上点击"⊙"即可。

2. 请独立完成问卷中的每一个项目，不要相互讨论。

3. 您的答案没有对错之分，只需根据您的实际情况回答即可。

非常感谢您的支持与配合，祝您开心、快乐每一天！

1. 我愿意与其他民族的人成为朋友

○完全不认同○基本不认同○介于不认同和认同之间○基本认同○完全认同

2. 我愿意与其他民族的人同住一个寝室

○完全不认同○基本不认同○介于不认同和认同之间○基本认同○完全认同

3. 我愿意与其他民族的人一起学习

○完全不认同○基本不认同○介于不认同和认同之间○基本认同○完全认同

4. 我在学校结交了不同民族的朋友

○完全不认同○基本不认同○介于不认同和认同之间○基本认同○完全认同

5. 我喜欢去其他民族同学的家里同他们过节

○完全不认同○基本不认同○介于不认同和认同之间○基本认同○完全认同

6. 我能够尊重其他民族同学的生活习俗

○完全不认同○基本不认同○介于不认同和认同之间○基本认同○完全认同

7. 我愿意去体验其他民族的风土人情

○完全不认同○基本不认同○介于不认同和认同之间○基本认同○完全认同

8. 我喜欢学习其他民族的文化

○完全不认同○基本不认同○介于不认同和认同之间○基本认同○完全认同

9. 中华民族由56个民族组成，缺一不可

○完全不认同○基本不认同○介于不认同和认同之间○基本认同○完全认同

10. 民族团结是国家繁荣昌盛的保障

○完全不认同○基本不认同○介于不认同和认同之间○基本认同○完全认同

11. 中华文化是56个民族共同创造的

○完全不认同○基本不认同○介于不认同和认同之间○基本认同○完全认同

12. 实现民族复兴是各民族的共同愿望

○完全不认同○基本不认同○介于不认同和认同之间○基本认同○完全认同

13. 平等互助和谐是民族大团结的前提

○完全不认同○基本不认同○介于不认同和认同之间○基本认同○完全认同

14.56个民族是一个命运共同体，不能分离

○完全不认同○基本不认同○介于不认同和认同之间○基本认同○完全认同

15. 实现伟大中国梦需要各民族共同奋斗

○完全不认同○基本不认同○介于不认同和认同之间○基本认同○完全认同

16. 我热爱祖国的每一寸土地

○完全不认同○基本不认同○介于不认同和认同之间○基本认同○完全认同

17. 五星红旗能给予我力量和安全感

○完全不认同○基本不认同○介于不认同和认同之间○基本认同○完全认同

18. 我深爱着我们这个伟大的民族

○完全不认同○基本不认同○介于不认同和认同之间○基本认同○完全认同

19. 我愿意为祖国和民族奉献我的全部

○完全不认同○基本不认同○介于不认同和认同之间○基本认同○完全认同

20. 我为自己身为中国人而感到自豪

○完全不认同○基本不认同○介于不认同和认同之间○基本认同○完全认同

高职生民族团结心理影响因素问卷

亲爱的同学：

您好！我们诚挚地邀请您参加这项关于高职生民族团结的问卷调查。以下是一些描述民族团结的问题，请您根据自身情况如实回答。此次调查一律采用匿名的方式进行，且所有资料只用于科学研究，所以请您放心作答。

在开始填写问卷之前，请认真阅读以下几点说明：

1. 以下所有题目都只选一个答案，只要在相应选项上点击"⊙"即可。

2. 请独立完成问卷中的每一个项目，不要相互讨论。

3. 您的答案没有对错之分，只需根据您的实际情况回答即可。

4. 问卷1—6题是基本情况，根据实际情况选择即可，7—13题需要您根据问题做一个从"1到10"的评分，1表示"非常糟糕、非常少和非常不认同等"，10表示"非常好、非常多和非常认同等"。

非常感谢您的支持与配合，祝您开心、快乐每一天！

1. 你的年级：○大一○大二○大三

2. 你的性别：○男○女

3. 你的家庭住址在：○农村○城镇

4. 你是什么民族：○汉族○苗族○侗族○布依族○水族○瑶族○彝族○其他民族

5. 你的专业类别：○自然科学类○人文社科类

6. 你对自己的评价是：○非常自信○有点自信○有点自卑○非常自卑

7. 请对你们学校民族团结教育专业课程教学建设情况做出评价。

○1○2○3○4○5○6○7○8○9○10

8. 请对你们学校民族团结教育校园文化建设情况做出评价。

○1○2○3○4○5○6○7○8○9○10

9. 请对你们学校任课老师将民族教育融入所教学科情况做出评价。

○1○2○3○4○5○6○7○8○9○10

10. 请对你们学校民族团结教育的效果现状进行评价。

○1 ○2 ○3 ○4 ○5 ○6 ○7 ○8 ○9 ○10

11. 请对你父母或其他家庭长辈对你民族团结态度的影响力做出评价。

○1 ○2 ○3 ○4 ○5 ○6 ○7 ○8 ○9 ○10

12. 请对自己掌握民族团结相关知识、理论和政策精神等情况做出评价。

○1 ○2 ○3 ○4 ○5 ○6 ○7 ○8 ○9 ○10

13. 请问你对民族团结的整体态度是?

○1 ○2 ○3 ○4 ○5 ○6 ○7 ○8 ○9 ○10

附录二　第三章所用相关测评问卷

亲爱的同学：

你好！我们诚挚地邀请你参加这项关于高职生人际和谐的问卷调查！以下是一些描述你人际交往状况的调查问卷，请你根据自身情况如实回答。此次调查一律采用匿名的方式进行，且所有资料只用于科学研究，所以请你放心作答。

在开始填写问卷之前，请认真阅读以下几点说明：

1. 以下所有题目都只选一个答案，只要在相应选项上打"√"即可。

2. 请独立完成问卷中的每一个项目，不要相互讨论。

3. 你的答案没有对错之分，只需根据你的实际情况回答即可。

非常感谢你的支持与配合，祝你开心、快乐每一天！

第一部分

1. 你的籍贯:（请在横线上填写出你的籍贯）

2. 你的学校:（请在横线上填写出你的学校）

3. 你的专业属性：①文史类②理工类③艺术类④医学类⑤经管类

4. 你的年级：①大一 ②大二 ③大三

5. 你的性别：①男　②女

6. 你的家庭住址在：①农村②小城镇 ③大城市

7. 你是什么民族:（请在横线上填写出你的民族）

8. 你是否是独生子女：①是②否

9. 你是否是单亲家庭：①是②否

10. 你是否是学生干部：①是②否

11.你在班级中的成绩属于：①优等　②中等偏上　③中等　④中等偏下
⑤较差

12.你的家庭经济条件属于：①很好　②较好　③一般　④较差　⑤很差

13.父母对你的教养方式是：①民主型　②专制型　③放纵型　④溺爱型

14.你对自己的评价是：①非常自信　②有点自信　③有点自卑　④非常
自卑

第二部分

问卷一	非常不符合	不相符	介于不相符与相符之间	相符	非常符合
1.在与其他民族相处时我感觉很亲切	1	2	3	4	5
2.在遇到烦恼时我喜欢找老师倾诉	1	2	3	4	5
3.我和身边的同学相处很自然	1	2	3	4	5
4.老师会经常主动找我交流	1	2	3	4	5
5.我很尊重其他民族的风俗习惯	1	2	3	4	5
6.从小到大我都喜欢和父母在一起	1	2	3	4	5
7.我感觉与身边的同学很投缘	1	2	3	4	5
8.在我们家，亲人之间的关系都是亲密无间的	1	2	3	4	5
9.我很喜欢和其他民族的人交往	1	2	3	4	5
10.我会经常打电话向老师问好	1	2	3	4	5
11.与同学在一起时我感觉很轻松	1	2	3	4	5
12.与其他民族交往时我们彼此都很热情	1	2	3	4	5
13.我和家人的相处一直很融洽	1	2	3	4	5
14.我跟老师的关系就像朋友一般亲密	1	2	3	4	5
15.在遇到困难时我和同学会相互鼓励	1	2	3	4	5
16.我们家的家庭气氛很温馨	1	2	3	4	5

问卷二	非常不符合	不相符	介于不相符与相符之间	相符	非常符合
1. 当同不太熟悉的人在一起时我感到紧张	1	2	3	4	5
2. 我在社交方面相当差劲	1	2	3	4	5
3. 我向别人打听事情不觉得困难	1	2	3	4	5
4. 我在聚会或其他社交活动中经常感到不自在	1	2	3	4	5
5. 当处于一群人之中时，我很难找到合适的话题	1	2	3	4	5
6. 我并不需要用很长时间来克服我在新环境中的羞怯	1	2	3	4	5
7. 和陌生人在一起时，我很难表现得自然	1	2	3	4	5
8. 在与权威说话时，我感到紧张	1	2	3	4	5
9. 我对我的社交能力毫不置疑	1	2	3	4	5
10. 我难以正视面前的人	1	2	3	4	5
11. 我在社交场合里感到很受限制	1	2	3	4	5
12. 我不觉得同陌生人说话有什么困难	1	2	3	4	5
13. 我在与异性交往时更加羞怯	1	2	3	4	5
问卷三	非常不符合	不相符	介于不相符与相符之间	相符	非常符合
1. 即使在非正式的聚会上，我也感到紧张	1	2	3	4	5
2. 与一群不相识的人在一起，我感到不自在	1	2	3	4	5
3. 与一位异性交谈时我通常会感到轻松	1	2	3	4	5
4. 在必须同老师或上司谈话时，我感到紧张	1	2	3	4	5
5. 聚会常使我感到焦虑不自在	1	2	3	4	5
6. 与大多数人相比，在社交中我较少羞怯	1	2	3	4	5
7. 与不太熟悉的同性交谈时，我常感到紧张	1	2	3	4	5

8. 在求职面试时，我会紧张的	1	2	3	4	5
9. 我希望自己在社交时信心更足一些	1	2	3	4	5
10. 在社交场合中，我很少会感到有什么焦虑	1	2	3	4	5
11. 一般来说，我是个害羞的人	1	2	3	4	5
12. 在与一位迷人的异性交谈时我会感到紧张	1	2	3	4	5
13. 在给一位不太熟悉的人打电话时我会感到紧张	1	2	3	4	5
14. 我在与权威人士谈话时感到紧张	1	2	3	4	5
15. 即使处于一群和我相当不同的人群中，我仍感到轻松	1	2	3	4	5
问卷四	非常不符合	不相符	介于不相符与相符之间	相符	非常符合
1. 我不喜欢参加小组讨论	1	2	3	4	5
2. 通常在小组讨论时我不自然	1	2	3	4	5
3. 在小组讨论时我感到紧张不安	1	2	3	4	5
4. 我喜欢参加小组讨论	1	2	3	4	5
5. 与生人一起讨论我会紧张	1	2	3	4	5
6. 我参加小组讨论时平静和放松	1	2	3	4	5
7. 通常我在参加会议时感到紧张	1	2	3	4	5
8. 我在参加会议时感到平静和放松	1	2	3	4	5
9. 在会上陈述我的观点时，我感到平静和放松	1	2	3	4	5
10. 我害怕在会上表述自己意见	1	2	3	4	5
11. 在会上交往使我感到不自然	1	2	3	4	5
12. 在会上回答问题时我感到非常放松	1	2	3	4	5
13. 同新认识的人谈话时，我感到不安	1	2	3	4	5
14. 在交谈中，我说话一点儿不怕	1	2	3	4	5
15. 通常我在交谈中会紧张不安	1	2	3	4	5

16. 通常我在交谈中非常平静放松	1	2	3	4	5
17. 在同新认识的人谈话时，我感到十分放松	1	2	3	4	5
18. 在交谈中我害怕说话	1	2	3	4	5
19. 我对演说一点也不害怕	1	2	3	4	5
20. 我在演说时，身体的某些部位非常紧张和僵硬	1	2	3	4	5
21. 我在演说时感到放松	1	2	3	4	5
22. 我在演说时思维变得混乱和不连贯	1	2	3	4	5
23. 我期望我在演讲时充满信心	1	2	3	4	5
24. 我在演说时太紧张，以至把我确实知道的事都忘了	1	2	3	4	5
问卷五	从不	很少	有时	一直	
1. 你常感到与周围人的关系和谐吗	1	2	3	4	
2. 你常感到缺少伙伴吗	1	2	3	4	
3. 你常感到没人可以信赖吗	1	2	3	4	
4. 你常感到寂寞吗	1	2	3	4	
5. 你常感到属于朋友们中的一员吗	1	2	3	4	
6. 你常感到与周围人有许多共同点吗	1	2	3	4	
7. 你常感到与任何人都不亲密了吗	1	2	3	4	
8. 你常感到你的兴趣和想法与周围人不一样吗	1	2	3	4	
9. 你常感到想与人来往，交朋友吗	1	2	3	4	
10. 你常感到与人亲近吗	1	2	3	4	
11. 你常感到被人冷落吗	1	2	3	4	
12. 你常感到你与别人来往毫无意义吗	1	2	3	4	
13. 你常感到没人很了解你吗	1	2	3	4	
14. 你常感到与别人隔开了吗	1	2	3	4	
15. 你常感到当你愿意时就能找到伙伴吗	1	2	3	4	
16. 你常感到有人真正了解你吗	1	2	3	4	

17. 你常感到羞怯吗	1	2	3	4
18. 你常感到人们围着你但并不关心你吗	1	2	3	4
19. 你常感到有人愿意与你交谈吗	1	2	3	4
20. 你常感到有人值得信赖吗	1	2	3	4

附录三 第四章所用相关测评问卷

（一）群际焦虑

1. 与其他地区的同学相处时，我感到紧张不安

○完全不符合 ○有点不符合 ○不确定 ○有点符合 ○完全符合

2. 与其他民族的同学在一起我感到不自在

○完全不符合 ○有点不符合 ○不确定 ○有点符合 ○完全符合

3. 与其他寝室、班级、专业或学校的人相处时感到心神不宁

○完全不符合 ○有点不符合 ○不确定 ○有点符合 ○完全符合

4. 与外族人在一起时感到忐忑不安

○完全不符合 ○有点不符合 ○不确定 ○有点符合 ○完全符合

（二）群际偏见

1. 农村人是粗鲁的

○完全不符合 ○有点不符合 ○不确定 ○有点符合 ○完全符合

2. 农村人都是逆来顺受的

○完全不符合 ○有点不符合 ○不确定 ○有点符合 ○完全符合

3. 少数民族是神秘和古怪的

○完全不符合 ○有点不符合 ○不确定 ○有点符合 ○完全符合

4. 城里人是诡计多端的

○完全不符合 ○有点不符合 ○不确定 ○有点符合 ○完全符合

5. 落后地区的人是邋遢的

○完全不符合 ○有点不符合 ○不确定 ○有点符合 ○完全符合

6. 穷人是喜欢斤斤计较的

○完全不符合 ○有点不符合 ○不确定 ○有点符合 ○完全符合

（三）族际和谐

1. 喜欢与其他民族的人交往

○完全不符合 ○有点不符合 ○不确定 ○有点符合 ○完全符合

2. 在与其他民族相处时感觉很亲切

○完全不符合 ○有点不符合 ○不确定 ○有点符合 ○完全符合

3. 尊重其他民族的风俗习惯

○完全不符合 ○有点不符合 ○不确定 ○有点符合 ○完全符合

4. 与其他民族交往时彼此都很热情

○完全不符合 ○有点不符合 ○不确定 ○有点符合 ○完全符合

（四）群际信任

1. 对外群体及其成员是缺乏信任的

○完全不符合 ○有点不符合 ○不确定 ○有点符合 ○完全符合

2. 对外群体及其成员是持怀疑态度的

○完全不符合 ○有点不符合 ○不确定 ○有点符合 ○完全符合

3. 对外群体及其成员是有防御的

○完全不符合 ○有点不符合 ○不确定 ○有点符合 ○完全符合

4. 外群体及其成员是具有狡诈和欺骗性的

○完全不符合 ○有点不符合 ○不确定 ○有点符合 ○完全符合

（五）群际接触数量

1. 生活中，接触到外群体成员的数量

○完全不符合 ○有点不符合 ○不确定 ○有点符合 ○完全符合

2. 生活中，邻居是外群体人的数量

○完全不符合 ○有点不符合 ○不确定 ○有点符合 ○完全符合

3. 朋友中，属于外群体成员的数量

○完全不符合 ○有点不符合 ○不确定 ○有点符合 ○完全符合

4. 与外群体人接触、交谈的频率

○完全不符合 ○有点不符合 ○不确定 ○有点符合 ○完全符合

5. 去外群体人住所（处）走访的频率

○完全不符合 ○有点不符合 ○不确定 ○有点符合 ○完全符合

6. 与外群体成员之间来往互动的频率

○完全不符合 ○有点不符合 ○不确定 ○有点符合 ○完全符合

7. 与外群体人相互分享信息及其他资源的频率

○完全不符合 ○有点不符合 ○不确定 ○有点符合 ○完全符合

（六）群际接触质量

1. 与外群体人的接触是自愿的

○完全不符合 ○有点不符合 ○不确定 ○有点符合 ○完全符合

2. 与外群体人的关系是亲密的

○完全不符合 ○有点不符合 ○不确定 ○有点符合 ○完全符合

3. 与外群体人的关系是合作的

○完全不符合 ○有点不符合 ○不确定 ○有点符合 ○完全符合

4. 与外群体人的关系是平等的

○完全不符合 ○有点不符合 ○不确定 ○有点符合 ○完全符合

5. 与外群体人的接触过程是愉快的

○完全不符合 ○有点不符合 ○不确定 ○有点符合 ○完全符合

6. 与外群体人的接触是被允许和支持的

○完全不符合 ○有点不符合 ○不确定 ○有点符合 ○完全符合

7. 与外群体人之间具有共同目标

○完全不符合 ○有点不符合 ○不确定 ○有点符合 ○完全符合

（七）群际拓展接触

1. 与外群体接触是因为朋友介绍

○完全不符合 ○有点不符合 ○不确定 ○有点符合 ○完全符合

2. 对外群体的了解来源于熟人

○完全不符合 ○有点不符合 ○不确定 ○有点符合 ○完全符合

3. 熟人的介绍和影响改变了我对外群体的态度

○完全不符合 ○有点不符合 ○不确定 ○有点符合 ○完全符合

4. 如果得知外群体成员与我朋友认识，能够降低我对他们的戒心

○完全不符合 ○有点不符合 ○不确定 ○有点符合 ○完全符合

5. 有熟人在，我更容易融入陌生群体／环境

○完全不符合 ○有点不符合 ○不确定 ○有点符合 ○完全符合

6. 我会将朋友的朋友视为"自己人"，虽然我们之前并不认识／熟悉

○完全不符合 ○有点不符合 ○不确定 ○有点符合 ○完全符合

（八）群际想象接触

1. 积极的心理预期与想象，可以改变我对外群体及其成员的偏见

○完全不符合 ○有点不符合 ○不确定 ○有点符合 ○完全符合

2. 在心里积极想象与陌生群体接触情境，可以降低面对面接触的尴尬和不适

○完全不符合 ○有点不符合 ○不确定 ○有点符合 ○完全符合

3. 通过虚拟的想象接触，能够改变我对外群体及其成员的原有态度

○完全不符合 ○有点不符合 ○不确定 ○有点符合 ○完全符合

4. 在心里反复想象与外群体接触的情境，能够降低我与他们面对面接触时的焦虑和紧张感

○完全不符合 ○有点不符合 ○不确定 ○有点符合 ○完全符合

附录四　第五章所用相关测评问卷

成年组开放式调查问卷

1. 您的性别？ ○男○女

2. 您否育有孩子？ ○否○是

3. 您是否是老师？ ○否○是（○幼儿教师○小学教师○初中教师○高中/中职教师○大学教师）

4. 请问您觉得"中华民族共同体意识"的基本要素有哪些？

铸牢高职生中华民族共同体意识教育现状调查问卷——成人组

尊敬的各位老师、家长和朋友：

您好！非常感谢您参与此次调研，本研究旨在了解贵州省民族地区铸牢高职生中华民族共同体意识的教育现状，我们非常诚恳地邀请您参与回答下面的几个问题，对您的参与和支持表示由衷的感谢！祝您诸事顺利、开心快乐！

1. 您的性别？ ○男○女

2. 您的学历？ ○初中以下○高中/中职○大专○大学○研究生

3. 您的职业？ ○公务员○教师○军人○工人○农民○医卫系列○商业服务类○交通运输类○工程技术类○其他

4. 任教学段？ ○幼儿教师○小学教师○初中教师○高中/中职教师○大学教师○不是教师

5. 居住地？ ○城市○乡镇○农村

6. 您是否有意识地对高职生进行过中华民族共同体意识方面的教育、引导或培养？

○从来没有○偶尔有，但不是有意识

○比较多，部分是有意识○非常多，几乎是有意识

7. 您认为对高职生进行中华民族共同体意识教育的方式主要有哪些？

○加强国家通用语言文字教育

○以文学艺术、影视歌曲等形式展现国家形象

○学校增设中华民族交往交流交融史专题教育

○家庭重视民族传统文化传承教育

○社会/社区强化民族大团结宣传教育

○中华民族共同体意识融入学校思政教育课程

○通过宣传重大历史事件（如抗疫、脱贫攻坚等）增强民族凝聚力

○其他：_____

8. 您认为对高职生进行中华民族共同体意识教育的内容主要有哪些？

○伟大祖国的认同教育

○对中国共产党的认同教育

○对中国特色社会主义的认同教育

○对中华文化的认同教育

○对中华民族的认同教育

○对公民意识的培育

○对社会主义核心价值观的教育

○其他：_____

铸牢高职生中华民族共同体意识评估问卷——学生版

亲爱的同学：

你好！我们非常诚挚地邀请你参加这项关于高职生中华民族共同体意识的问卷调查！以下是一些描述你对中华民族共同体意识相关内容理解状况的

内容，请你根据自身情况如实回答。此次调查一律采用匿名的方式进行，且所有资料只用于科学研究，所以请你放心作答。

在开始填写问卷之前，请认真阅读以下几点说明：

1. 每道题都只选一个答案，只要点击相应选项前面的"○"即可。

2. 请独立完成问卷中的每一个题目，不要相互讨论。

3. 你的答案没有对错之分，只需根据你的实际情况回答即可。

非常感谢你的支持与配合，祝你开心、快乐每一天！

第一部分　个人资料

1. 你所在地区：○黔东南○黔西南○黔南

2. 你的年级：○大一○大二○大三

3. 你的性别：○男○女

4. 你的家庭住址在：○农村○城镇

5. 你是什么民族：○汉族○苗族○侗族○布依族○水族○瑶族○彝族○其他民族

6. 你是否是独生子女：○是○否

7. 你是否是单亲家庭：○是○否

8. 父母对你的教养方式是：○民主型○专制型○放纵型○溺爱型

9. 你母亲的职业：○公务员○教师○警察○农民○工人○商人○其他

10. 你父亲的职业：○公务员○教师○警察○农民○工人○商人○其他

11. 你对自己的评价是：○非常自信○有点自信○有点自卑○非常自卑

第二部分　问卷内容

问卷一（国家认同意识）	完全不认同	基本不认同	介于不认同与认同之间	基本认同	完全认同
13. 应该了解国家的发展历史和现状等基本国情	○	○	○	○	○
14. 爱国是每位公民基本的素质	○	○	○	○	○
15. 任何分裂国家的思想和行为都是不可接受的	○	○	○	○	○
16. 维护国家利益是每位公民的基本义务	○	○	○	○	○
17. 时刻警惕危害国家安全的行为	○	○	○	○	○
18. 从小树立为国奉献的精神	○	○	○	○	○
19. 反对一切篡改国歌，玷污国旗和国徽的行为	○	○	○	○	○
20. 为蛟龙潜海、嫦娥问天和北斗组网等事件感到骄傲和自豪	○	○	○	○	○
问卷二（民族认同意识）	完全不符合	基本不符合	介于不符合与符合之间	基本符合	完全符合
23. 我国各民族之间没有高低贵贱之分	○	○	○	○	○
24. 愿意参加本民族的各种节日或宗教等活动	○	○	○	○	○
25. 能够熟练运用本民族语言进行交流	○	○	○	○	○
26. 中华民族是一个历史悠久的民族	○	○	○	○	○
28. 为自己的民族成分而感到骄傲	○	○	○	○	○
问卷三（文化认同意识）	完全不符合	基本不符合	介于不相符与相符之间	基本符合	完全符合
31. 认同人人"说好普通话、写好规范字、讲好中国故事"	○	○	○	○	○
32. 喜欢诗、词、书、画等中华传统文化	○	○	○	○	○

	非常不认同	基本不认同	介于不认同与认同之间	基本认同	非常认同
33. 喜欢本民族的传统节日和风俗习惯	○	○	○	○	○
34. 关注过其他民族的传统节日和风俗习惯	○	○	○	○	○
35. 了解本民族的发展历史	○	○	○	○	○
36. 愿意为保护本民族优秀文化付出努力	○	○	○	○	○
37. 看到中国武术、书画、戏曲等在国外展出，会感到自豪	○	○	○	○	○
38. 感觉其他民族的优秀文化很棒	○	○	○	○	○
39. 愿意了解和学习更多的中华传统文化	○	○	○	○	○
40. 愿意为保护中华民族优秀文化奉献力量	○	○	○	○	○
问卷四（公民自觉意识）	非常不认同	基本不认同	介于不认同与认同之间	基本认同	非常认同
50. 每个同学都享有竞选班干部的权利	○		○		○
51. 老师对待每一位同学，都应该公平公正	○		○		○
52. 排队时，看到有人插队应该制止	○		○		○
53. 看到地上有垃圾，应该主动捡起来放垃圾桶	○		○		○
54. 在学校，应该协助老师和帮助同学	○		○		○
55. 在家里，应该协助家长做家务	○		○		○
56. 与同学产生矛盾纠纷时，应该主动找老师调解	○		○		○
57. 受到成年人不公正对待时，应该向他们提出申诉	○		○		○
58. 自己喜欢的事情，也不能勉强他人接受	○		○		○
59. 个人利益应该服从集体利益	○		○		○
问卷五（政治认同意识）	完全不符合	基本不符合	介于不符合与符合之间	基本符合	完全符合
69. 高职生应该学习党的发展历史	○		○		○
71. 相信在党的领导下中华民族一定能够实现伟大中国梦	○		○		○

72. 长大后想要加入中国共产党	○		○		○
73. 学校经常宣讲有关党的知识	○		○		○
74. 任何时期都有必要学习党的革命精神	○		○		○
75. 熟悉社会主义核心价值观	○		○		○
76. 中华民族的"中国梦"能够实现	○		○		○
77. 了解中国特色社会主义制度的基本内涵	○		○		○
78. 中国特色社会主义制度的直接受益者是全体中国人	○		○		○
79. 关于中国特色社会主义制度的知识主要来源于学校教育	○		○		○
80. 反对任何针对中国社会制度的歪曲报道	○		○		○
81. 正在努力争做社会主义合格接班人	○		○		○
82. 对我国的社会制度有信心	○		○		○

附录五　第六章所用相关测评问卷

高职院校民族团结教育现状调查问卷（教师用）

尊敬的老师：

您好！我们诚挚地邀请您参加这项关于高职生民族团结教育现状的问卷调查。以下是一些描述您所在学校开展民族团结教育的问题，请您根据自己所掌握情况如实回答。此次调查一律采用匿名的方式进行，且所有资料只用于科学研究，所以请您放心作答。

在开始填写问卷之前，请认真阅读以下几点说明：

1. 以下所有题目都只选一个答案，只要在相应选项上点击"⊙"即可。

2. 请独立完成问卷中的每一个项目，不要相互讨论。

3. 您的答案没有对错之分，只需根据您的实际情况回答即可。

非常感谢您的支持与配合，祝您开心、快乐每一天！

1. 您的性别？

○男○女

2. 您的民族？

○汉族 ○少数民族

3. 您的年龄？

○ ≥ 60 岁

○ 50~59 岁

○ 40~49 岁

○ 30~39 岁

○ ≤ 30 岁

4. 您的政治面貌？

○中共党员○民主党派○群众

5. 您的学历？

○博士研究生

○硕士研究生

○大学本科

○大学专科

6. 您的职称？

○正高

○副高

○中级

○初级

7. 您的专业类型？

○自然学科

○人文学科

8. 您所在学校是否开设了专门的民族团结教育课程？

○是○否

9. 您所在学校是否出版了民族团结教育的校本教材？

○是○否

10. 您所在学校是否有从事民族团结教育的专职教师？

○是○否

11. 您所在学校是否定期举办民族团结政策理论讲座？

○是○否

12. 您所在学校是否建有民族团结教育校园宣传专栏（如橱窗、文化墙、黑板报等）？

○是○否

13. 您所在学校是否建有民族文化类社团并举办活动?

○是○否

14. 您所在学校是否组织学生开展民族团结实践活动?

○是○否

15. 您所在学校是否组织教师参加民族团结教育培训?

○是○否

16. 您是否专门讲授过民族团结教育相关课程?

○是○否

17. 您是否自主学习或关注民族团结相关知识?

○是○否

18. 您是否在课堂中融入民族团结的相关内容?

○是○否

19. 您是否愿意长期从事民族团结教育的工作?

○是○否

20. 您认为当前开展民族团结教育存在的困境有哪些?

○上级主管部门的关心指导不够

○各级各类学校间交流学习不够

○专兼职师资队伍建设相对滞后

○教师继续教育或培训进修太少

○缺乏高质量可用教学教案资源

○学校重视和落地执行力度不够

高职院校民族团结教育现状调查问卷（学生用）

亲爱的同学：

您好！我们诚挚地邀请您参加这项关于高职生民族团结意识的问卷调查。以下是一些描述您民族团结意识的问题，请您根据自身情况如实回答。此次调查一律采用匿名的方式进行，且所有资料只用于科学研究，所以请您放心作答。

在开始填写问卷之前，请认真阅读以下几点说明：

1.以下所有题目都只选一个答案，只要在相应选项上点击"⊙"即可。

2.请独立完成问卷中的每一个项目，不要相互讨论。

3.您的答案没有对错之分，只需根据您的实际情况回答即可。

非常感谢您的支持与配合，祝您开心、快乐每一天！

1.目前为止你选修或者必修过民族团结相关的课程马？

○是○否

2.您是否拿到过学校发放的民族团结教育的相关教材？

○是○否

3.你们学校是否有专门上民族团结教育相关课程的教师？

○是○否

4.你们学校是否定期举办民族团结相关的知识讲座？

○是○否

5.你们学校是否定期树立民族团结进步先进典型，评选表彰先进集体

○是○否

6.你们学校是否建有民族团结教育主题的校园文化，如设有宣传民族团结的窗口、文化走廊、园地、展板等？

○是○否

7. 你们学校是否建立民族文化艺术类社团，你参加过相关活动吗？

○是○否

8. 你们学校是否定期举办民族传统体育运动或比赛？

○是○否

9. 您所在班级是否开展民族团结相关主题的班会？

○是○否

10. 在思想政治课中，教师有没有讲授了民族团结相关主题的内容？

○是○否

11. 在其他课程中，是否有老师讲授过民族团结教育相关内容？

○是○否

12. 在专业课中，教师是否融入了民族团结教育的相关内容？

○是○否

13. 您对有关民族团结知识的了解情况如何？

○不了解 ○较少了解 ○一般 ○比较了解 ○非常了解

14. 您是否清楚以下词语所代表的真实内容？请选择您确实清楚的（可多选）

○ "一条道路"

○ "两个共同"

○ "三个离不开"

○ "五个认同"

○ "五个维护"

○ "六个相互"

后 记

　　中国是一个幅员辽阔、历史悠久、文化灿烂和人口众多的多民族国家。数千年以来，各民族之间相互交往交流交融，逐渐形成了多元一体格局的命运共同体——中华民族。千百年来，中华民族曾遭遇无数次的危机与挑战，但每一次都能化险为夷、重获新生，其中一个重要原因就是中华民族始终能够团结一心、众志成城、共克时艰。在中国共产党的坚强领导下，中国特色社会主义进入了新时代，中华民族也迎来了历史上最好的发展时期。但同时，中国也正面临世界百年未有之大变局，国际形势日益复杂，各民族更要亲如一家、加强团结、凝聚力量，方能确保中国这艘发展的巨轮始终向着胜利的方向不断前行。所以，加强民族团结教育，宣传、巩固和发展中国特色社会主义民族关系十分必要。正如习近平总书记所言："实现中华民族伟大复兴的中国梦，就要以铸牢中华民族共同体意识为主线，把民族团结进步事业作为基础性事业抓紧抓好。"高职生作为青年群体的重要组成部分，肩负着国家建设和民族复兴的历史使命，加强对高职生民族团结教育，不仅是尊重教育规律的体现，更是实现国家和民族可持续发展的现实性需要。

　　基于这样的时代背景和教育现实需求，近五年来，我先后主持了四项主题相关的科研课题。本书内容就是对近五年来我所主持的课题研究成果的汇编与扩展。本书以铸牢高职生中华民族共同体意识为主线，全面考察和探讨新时代高职生民族团结的心理结构及其民族团结教育的相关内容。全书共分为七章，第一章为绪论，主要介绍整体研究背景、思路、内容和方法等；第二章为高职生民族团结心理特征及现状调查，主要考察了高职生民族团结心理特征及影响因素；第三章为高职生人际和谐及心理干预，主要考察了高职生人际关系状况、影响因素以及人际关系危机的心理干预流程与措施；第四章为高职生群际接触及影响因素，主要开发了高职生群际接触测评工具，探讨了群际接触现状和影响因素等；第五章为高职生中华民族共同体意识及教育现状，开发了高职生中华民族共同体意识心理测评问卷，并考察了高职生中华民族共同体意识现状及其影响因素；第六章为高职院校民族团结教育现状，主要从学生和老师两个视角，采用问卷调查和个案访谈的方法对高职院校开展民族团结教育的现状、存在的问题等进行考察，并分析原因；第七章为高职生民族团结教育的对策与建议，主要内容是根据前期研究结果，结合高职院校实际情况总结应对措施和建议。

本书在策划、组织和撰写的过程中得到了很多人的帮助与支持。在此，首先要感谢我的父母一直以来对我学业和事业的关心，还要特别感谢我爱人的全力支持，因为有她的支持，我才能全身心投入科研和写作。也要感谢我的恩师植凤英教授，感谢您一如既往的关心和指导，以及在本书构思和写作过程中提出的大量宝贵建议。还要感谢在调研和文字校对过程中为我提供帮助的各位同事和朋友，他们分别是罗春寒教授、邹波教授、张宜坤副教授，以及钟媛媛、王慧、薛琪方、龙曼、蒋贵娥、张谦会、杨金花等老师。此外，在本书的撰写过程中也参考引用了大量相关学者的研究成果，在此一并向各位专家学者表示衷心的感谢！

最后，谨以此书送给我可爱的宝贝女儿，希望你一生平安、快乐、健康，做一个懂得感恩父母、感恩社会的人。

简才永

2022 年 3 月 12 日